www.ingramcontent.com/pod-product-compliance
Lightning Source LLC
Chambersburg PA
CBHW061745290426
43673CB00095B/265
* 9 7 8 1 9 9 0 4 5 1 2 9 4 *

بسم رب فاطمه الزهرا

گرامر جامع زبان انگلیسی
Eager Beavers

مؤلف: محمد حسن زاهدی

پیشگفتار

درود و ارادت محضر یکایک سروران گرامی

افتخار دارم تا کتاب گرامر جامع زبان انگلیسی رو با عنوان **Eager Beavers** که به معنای "مشتاقانِ سرسخت و خستگی ناپذیر" هست محضر شریفتون معرفی کنم.

در این کتاب سعی کردم علاوه بر بیان اصول کلی، تمامی نکات مهم و تکمیلی که ذهن اکثر زبان آموزان رو به خود معطوف کرده، به شکل کامل عارض بشم. کتاب با نام "گرامر جامع" تقدیمتون میشه درحالیکه دایره لغات شما رو هم تا حد بسیار مطلوبی افزایش خواهد داد. البته شایان ذکره که بنده به این هم بسنده نکردم...!

از دیگر ویژگی های منحصر به فرد این کتاب، ترجمه مثالهاست که با زبان فوق محاوره و خودمونی گفته شده و تلاشم بر این بوده که بتونید نه تنها راحت‌تر منظورتون رو بیان کنید بلکه ارتباط بهتری هم با زبان مقصد برقرار کنید و تکنیک‌های ترجمه روان رو هم فرا بگیرید.

در انتهای اکثر فصلها جملاتی فارسی مطابق با مطالب آموخته شده فصل مورد نظر، درج کردم که میتونم بگم مهمترین بخشِ هرفصل رو همین جملات فارسی تشکیل میدن. چرا که این بخش تلاش میکنه هرآنچه آموختید رو در زندگی واقعی استفاده کنید. در پایانِ کتاب، برخی سوالات کنکوری منتخب رو محضرتون ارائه دادم که گلچینی از مهمترین نکات کتاب هست و در کنکور مورد توجه طراحان سوال قرار گرفته. پاسخ کلیه سوالات و تمرینات هرفصل هم به شکل کامل در انتهای کتاب قرار گرفته. پس از پاسخ به سوالات هر بخش، یک صفحه خوشنویسی جهت رفع خستگی و یادگیریِ این هنر ارزشمند در کتاب قرار دادم.

و حسن ختام عرائضم، امیدوارم این کتاب محضرتون مفید و کاربردی واقع بشه و یکبار برای همیشه کلیه ساختارهای گرامری رو به علاوه نکاتی که پیش‌تر عارض شدم فرابگیرید.

تحقق آرزوها، نسبت مستقیم به قدرت اراده ما داره. اراده‌تونه که موفقیتتون رو تضمین میکنه. با این رویکرد که "موفقیت چشم به راه منه" قدم بردارین.

ببینم چه میکنید **Let's see what you got!**

ارادتمند شما

محمد حسن زاهدی

شبکه بین المللی ده سازمان برتر مستقر در ونکوور کانادا خدمات
انتشار و توزیع کتاب را در بیش از ۳۹۰۰۰ کتابفروشی در ۹۵ کشور
جهان عرضه می نماید
این مراکز شامل
Apple، Amazon، Barnes & Noble، Indigo، Google Play Books
و بسیاری دیگرمیشود
خدمات ما: ویرایش، طراحی، توزیع، بازاریابی
است و برای اغلب زبان های زنده دنیا به ویژه انگلیسی، فرانسه،
ایتالیایی، اسپانیایی، آلمانی، فارسی، عربی و غیره می باشد
کسب اطلاعات بیشتر از طریق ایمیل

info@ toptenaward.net

www.TopTenAward.Net

فهرست مطالب

عنوان	صفحه
Preamble	۱
To Be Verbs	۴
Chapter 1: Noun	۱۳
اسم عام (Common Noun)	۱۳
اسم خاص (Proper Noun)	۱۳
Countable and Uncountable Nouns	۱۴
تفاوت بین a few, few و a little, little	۱۷
تفاوت much و many	۱۷
تفاوت some و any	۱۹
اسامی مرکب (Compound Nouns)	۱۹
Plural of Nouns	۲۰
تفاوت بین a number of و the number of	۲۳
Moods of Noun	۲۳
Transitive & Intransitive Verbs	۲۶
Ambitransitive Verbs	۲۶
Articles (a, an, the)	۳۰
Chapter 2: Pronoun	۳۵
۱. ضمایر فاعلی (Subjective Pronouns)	۳۵
۲. ضمایر مفعولی (Objective Pronouns)	۳۵
۳. ضمایر ملکی (Possessive Pronouns)	۳۶
۴. ضمایر اشاره (Demonstrative Pronouns)	۳۷
۵. ضمایر نامعین (Indefinite Pronouns)	۳۷
تفاوت no & not	۳۸
۶. ضمایر انعکاسی (Reflexive Pronouns)	۴۲
۷. ضمایر تأکیدی (Emphatic Pronouns)	۴۲
۸. ضمایر موصولی (Relative Pronouns)	۴۳

انواع ضمایر موصولی	43
1. ضمایر موصولی فاعلی(Subjective Relative Pronoun)	44
2. ضمایر موصولی مفعولی (Objective Relative Pronouns)	45
3. ضمایر موصولی ملکی (Possessive Relative Pronouns)	47
قیود موصولی (Relative Adverbs)	48
9. ضمایر پرسشی (Interrogative Pronouns)	49
تفاوت what و which	50
Chapter 3: Adjective	**55**
نحوه ساخت قید از صفت	58
صفات فاعلی و مفعولی	59
مقایسه صفات	63
لیست برخی از صفات بی قاعده	70
Succession of Adjectives	75
Chapter 4: Verb	**79**
تفاوت mustn't , can't و گذشته آنها	83
تفاوت بین must و have to	84
Sequence of Tense	91
Tenses	95
تفاوت بین been in و been to	101
تفاوت بین حال کامل و گذشته ساده	107
تفاوت بین گذشته استمراری و گذشته کامل استمراری	111
تفاوت آینده ساده و آینده استمراری	116
تفاوت آینده استمراری و آینده کامل استمراری	118
Question Tag	123
کاربرد عبارات کوتاه به جای جملات اصلی	125
افعال کمکی در مقایسه با صفات و قیود	126
Conditional Sentences	130
نکات مفید در مورد شرطی نوع 1	131
تفاوت شرطی نوع یک و صفر	132
تفاوت بین could have p.p و would have p.p	134

تفاوت بین شرطی نوع ۲ و ۳ در یک نگاه	۱۳۴
were to در بند if	۱۳۵
Wish	۱۴۱
Subjunctive Mood	۱۴۷
Infinitives and Gerunds	۱۵۰
کاربرد دو فعل متوالی در جمله	۱۵۰
Perfect Infinitive	۱۵۳
Continuous Infinitive	۱۵۴
Stative Verbs	۱۵۴
Active & Passive	۱۶۰
Direct & Indirect Speech	۱۶۶
تفاوت say و tell	۱۶۷
تفاوت if و whether (آیا)	۱۶۹
Causative Form	۱۷۶
Phrasal Verbs	۱۸۰
Chapter 5: Adverb	**۱۸۷**
Types of Adverbs	۱۸۷
Inversion	۱۹۶
Comparison of Adverbs	۱۹۹
Chapter 6: Types of Sentences, Clauses, Phrases and Participles	**۲۰۷**
انواع جمله	۲۰۷
چگونگی تشخیص یک جمله مرکب از پیچیده	۲۰۹
Clauses	۲۱۲
جمله واره مستقل (Independent Clause)	۲۱۲
جمله واره وابسته (Dependent Clause)	۲۱۳
Phrases	۲۲۰
Participles	۲۲۲
فرق اسم مصدر(Gerund) ، وجه وصفی(Participle)	۲۲۳

Chapter 7: Conjunction	229
حروف ربط هم پایه (Coordinating Conjunctions)	229
حروف ربط غیر هم پایه (Subordinating Conjunctions)	230
حروف ربط دو قسمتی (Paired Conjunctions)	231
نحوه استفاده از حروف ربط دوقسمتی	231
Chapter 8: Preposition	235
حرف اضافه in	235
حرف اضافه "on"	235
حرف اضافه at	236
تفاوت from و of	236
موارد استفاده از by	238
موارد استفاده with	239
فرق بین by و with	240
موارد استفاده از for	241
تفاوت بین to و for	241
Nouns Followed by Prepositions	243
Adjectives Followed by Prepositions	243
Verbs Followed by Prepositions	244
Chapter 9: Punctuation	247
Chapter 10: Interjection	247
سوالات منتخب کنکوری	249
Answer Keys	250
لیست افعال بی‌قاعده	272

Preamble

پیش از هرچیز به نحوه ساخت یک جمله ساده به زبان انگلیسی می‌پردازیم.

فاعل (Subject)

به عنوان کننده کار، **عموماً** در ابتدای جمله بکار رفته و جایگزین اسامی انسان‌ها، حیوانات و گاهی شغل‌ها در یک جمله می‌شود.

She is Sarah. اون ساراس They are my friends. اونا دوستای منن

فعل (Verb)

به عنوان قلب جمله بوده و هیچ جمله‌ای بدون آن وجود ندارد. به طور کلی هرعملی که قابل انجام باشد، حتی فکر کردن، فعل نامیده می‌شود. مانند:

(to) go رفتن (to) sleep خوابیدن (to) drive رانندگی کردن (to) talk حرف زدن

مفعول (Object)

برخی از افعال نیاز به مفعول دارند. چرا که عمل برسرآنها صورت گرفته است. عموماً ضمایر فاعلی، اسامی انسان‌ها وحیوانات، اشیاء، گیاهان و مشاغل می‌توانند مفعول داشته باشند.

I talked to Mary. با مِری حرف زدم

I want to pick up a flower. میخوام گل بچینم

He likes this job. از این کار خوشش میاد

قید (Adverb)

قید به طور کلی نحوه انجام کار را بیان می‌کند. **عموماً** بدین گونه است که هرگاه پسوند **(ly)** به صفتی اضافه کنیم، شکل قیدی همان صفت ساخته می‌شود. (استثنائاتی وجود دارد که در مبحث قید به آن خواهیم پرداخت.)

great	greatly	beautiful	beautifully
perfect	perfectly	breathtaking	breathtakingly

Types of Adverbs

به طور کلی سه نوع قید وجود دارد:

قیدحالت (Adverb of Manner)

همانگونه که از نامش پیداست، **حالت** انجام کار را بیان می‌کند. مثلا کاری با دقت، یا با بی‌دقتی، آرام یا سریع صورت بگیرد.

carefully با احتیاط   slowly به آرومی   perfectly به طور کامل

قید مکان (Adverb of Place)

قید مکان شامل کلیه مکان‌ها مانند: پارک، رستوران، سینما، مدرسه، هتل، اینجا، آنجا و ... می‌شود.

park پارک   restaurant رستوران   here اینجا   there اونجا   school مدرسه

قید زمان (Adverb of Time)

شامل کلیه قیود در زمان حال، گذشته و آینده می‌باشند. مانند: دیروز، امروز، هفته پیش، ماه آینده..

yesterday دیروز   today امروز   last week هفته پیش   next month ماه آینده

نکته مهم: همانطورکه می‌دانید، جهت ساخت یک جمله در زبان انگلیسی، وجود تمامی عناصر مذکور، ضروری نیست، چرا که رکن اساسی در هر جمله فاعل و فعل هستند.

I drive carelessly. من تو رانندگی بی کله م

We talk slowly. ما آهسته حرف میزنیم

They go home at 5 o'clock. اونا ساعت پنج میرن خونه

She is making soup. داره سوپ میپزه

I went to visit my old friend peacefully in a restaurant yesterday morning.

دیروز صبح به روی فرصت رفتم دیدنِ دوست قدیمیم تو یه رستوران.

Turn the sentences below into English, please.

۱. من رابرت رو دم در دیدم.

۲. میتونی تکالیفم رو انجام بدی؟

۳. آقای لی معلم منه.

Preamble   M.H.Zahedi

To Be Verbs

همانطور که گفته شد، هیچ جمله‌ای بدون فعل(**verb**) **وجود ندارد**. ساده‌ترین وکاربردی‌ترین افعال را می‌توان افعال **to be** نامید که در سه زمان گذشته، حال و آینده متناسب با فاعل موردنظر به شرح زیر بیان می‌شوند:

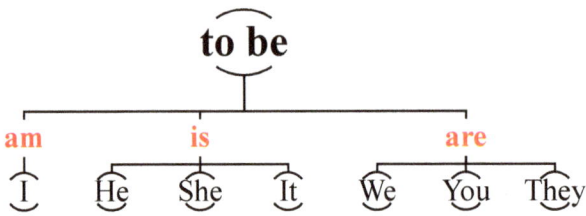

I
It

نکته ۱: فعل **is** برای مفرد و **are** برای جمع بکار می‌رود.

زمان حال افعال **to be** در جمله، به شرح زیر می‌باشد:

جمله مثبت		جمله منفی	
I am	We are	I am not	We are not
You are	You are	You are not	You are not
He / She / It } is	They are	He / She / It } is not	They are not

مخفف		مخفف	
I'm	We're	I'm not	We're not
You're	You're	You're not	You're not
He's / She's / It's	They're	He's / She's / It's } not	They're not

We're salespeople.	ما فروشنده ایم	She is a doctor.	اون خانومه دکتره
He's my uncle.	اون عَمومه	They're very rich.	اونا خیلی پولدارن

زمان گذشته افعال **to be** در جمله، به شرح زیر است:

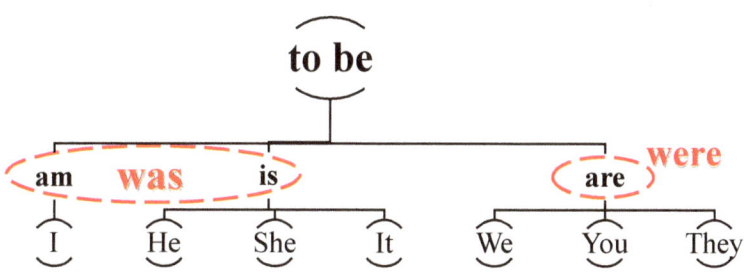

	جمله مثبت		جمله منفی
I was	We were	I was not	We were not
You were	You were	You were not	You were not
He She } was It	They were	He She } was not It	They were not

مخفف		مخفف	
ندارد		I wasn't	We weren't
		You weren't	You weren't
		He She } wasn't It	They weren't

We were absent.	ما غایب بودیم	She was not here.	اون خانمه اینجا نبود
I wasn't ready.	من آماده نبودم	They were right.	حق با اونا بود

English for Eager Beavers

زمان آینده افعال **to be** نسبت به گذشته و حال، بسیار ساده‌تر بوده و به شکل زیر در جمله بکار می‌رود.

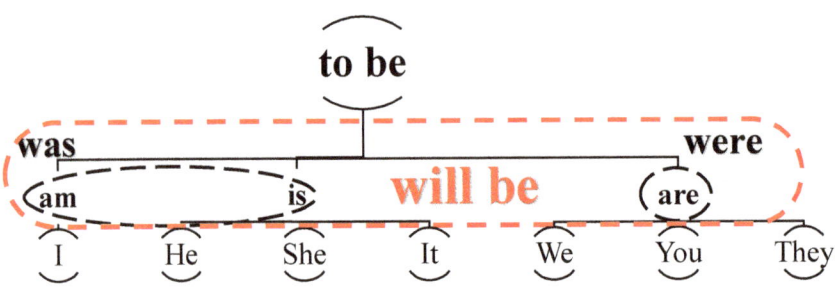

جمله مثبت		جمله منفی	
I will be	We will be	I will not be	We will not be
You will be	You will be	You will not be	You will not be
He She It } will be	They will be	He She It } will not be	They will not be

مخفف		مخفف	
I'll be	We'll be	I won't be	We won't be
You'll be	You'll be	You won't be	You won't be
He'll She'll It'll } be	They'll be	He She It } won't be	They won't be

شکل سؤالی افعال **to be** در تمامی زمانها تنها با جابجایی فاعل و فعل پس از آن، به سادگی میسر خواهد بود. به مثال‌های زیر توجه کنید:

Am I your brother?	من داداشتم؟
Is she Nina?	اون نیناس؟
Are they busy?	سرشون شلوغه؟
Was it expensive?	گرون بود؟
Were we late?	دیرمون شده؟
Will you be there at 6 o'clock?	ساعت ۶ اونجایی؟

نکته ۲: به چنین سؤالاتی که ابتدای آنها افعال **to be** قرار دارد، **Yes/No Questions** می‌گویند.
برای پرسش به شکل منفی نیز، دو راه وجود دارد؛ رسمی- اداری/ غیر رسمی - محاوره‌ای.

Are they not your friends?   Aren't they your friends? **(محاوره‌ای)**
اونا دوستات نیستن؟

Is he not your brother?   Isn't he your brother? **(محاوره‌ای)**
اون برادرت نیست؟

نحوه سؤالی کردن چنین جملاتی، هنگامی که یکی از کلمات پرسشی مانند **who, why, what,**
how, where در ابتدای جمله قرار داشته باشد، در زیر نشان داده شده است.

Where is your brother? He's at work.	داداشت کجاست؟ سرکاره
Where is she from? Canada.	اهل کجاست؟ کانادا
What color is your shirt? It's pink.	پیراهنت چه رنگه؟ صورتی
Who is knocking at the door? Mr. Johnson.	کیه داره در میزنه؟ آقای جانسون
How is your father? He's okay.	بابا چطورن؟ خوبن
Why are you late? Sorry! I overslept.	چرا دیر کردی؟ ببخشین، خواب موندم

English for Eager Beavers

Part A

جملات زیر را با استفاده از "**am, is, are**" کامل کنید.

1. They ……… in the house.
2. She …….. a journalist.
3. I …….. a teacher.
4. We …….. in Tehran.
5. ……... you thirsty?
6. George ……… at the table.
7. …….. it cheap?
8. Today…….... Monday.
9. Jane and Mina ……… friends.
10. Mark, Helen, Jacob and mom ……..... in the kitchen.

Part B

به جملات زیر پاسخ کوتاه و کامل بدهید.

1. Are Betty and Sherlock in the cinema?
Yes, ………… . ……………………………… .
2. Is Rosita here?
No, ……..…… . ………………………… .
3. Was she sick last night?
Yes, ………… . …………………….. .
4. Were your friends in the park last Saturday?
Yes, ……..…. . ……………………………… .
5. Will we be at the bank tomorrow morning?
No, ……………… . ……..………………………… .
6. Are you a baker?
No, ……..…… . …………………….….. .
7. Is Elizabeth your friend?
Yes, ………….... . …………………….. .
8. Are they Mr and Mrs. Richards?
No, ………….... . ……………………….. .
9. Will she be there at 6 o'clock?
Yes, ………….. . ……………………...… .
10. Am I the owner?
Yes, ………….... . …………………….. .

Part C

گزینه صحیح را انتخاب کنید.

1. This .... a good video.
   a) aren't   b) isn't   c) 'mnot
2. Look at my brother! ….. 41.
   a) He's   b) It's   c) She's
3. ……. a big city in America.
   a) It's   b) That's   c) both of them
4. ……. they your sisters?
   a) Is   b) Are   c) Am
5. I …… your classmate.
   a) am not   b) 'm not   c) both of them
6. They …… in the party.
   a) are   b) is   c) was
7. She ……. in bed.
   a) are   b) will   c) neither of them

Part D

جملات زیر را در صورت لزوم، تصحیح کرده، سپس جمله صحیح را بنویسید.

1. They was angry.
………………………. .
2. He are a worker.
……………………….. .
3. We was very thirsty.
……………………….. .
4. It was too expensive.
……………………. .
5. She were in the apartment.
………………………………… .
6. Was you in your room?
……………………………. .
7. I amn't your servant.
……………………………. .
8. Are football a great game?
………………………………… .
9. You is here.
………………. .
10. Last night, won't be good, but tomorrow night was great.
………………..………………………………………….. .

Part E

جملات زیر را مرتب کنید.

1. at work/ father/ your/ is?
2. cold/ not/ is/ today/ it.
3. the store/ open/ last/ was/ Saturday?
4. nearby/ the bus station/ there/ is?
5. not/ friends/ his/ school / at/ are/.
6. how/is/ your/ mother?
7. not/ am/ friend/ good/ a/ I?

Part F

باتوجه به پاسخ‌های داده شده و استفاده از کلمات پرسشی **who, why, what, how,where**

و فعل **to be** مناسب جملات زیر را کامل کنید.

1. .... your siblings?	They're fine.
2. .... the police station?	It's over there.
3. .... your children?	6, 5 and 10.
4. .... the lady in this photo?	That's my auntie.
5. .... she from?	Argentina.

Part G

به سؤالات زیر فقط پاسخ کوتاه بدهید.

1. Is she married? Yes, ...
2. Was it cold yesterday? No, ...
3. Is he thirsty? No, ...
4. Are you a doctor? No, ...
5. Were they present? Yes, ...

Turn the sentences below into English, please.

۱. حال دوستت چطوره؟
۲. اداره ای؟
۳. من اونجا نیستم.
۴. مادر رایلی خونه داره.
۵. هاروارد ساعت چهار، اینجا خواهد بود.

Preamble M.H.Zahedi

𝒜 𝒜 𝒜

𝒜 𝒜

𝒜

𝑎 𝑎 𝑎

𝑎 𝑎

𝑎

Chapter 1: Noun

اسم در زبان انگلیسی به دو دسته عام و خاص تقسیم می‌شود:

اسم عام (Common Noun)

اسمی است که نه تنها به یک شخص، شیء، حیوان یا مکان خاصی **اشاره ندارد** بلکه به تمامی افراد همجنس و هم نوع خود در یک گروه اشاره می‌کند. مثلا کلمه‌ی **(a) girl** به معنای دختر، به شخص خاصی اشاره نداشته و به طور کلی به جنسیت دختر اشاره دارد.

به عنوان مثال اسامی زیر همگی عام هستند:

(a) girl, (a) man, (an) umbrella, (a) desk, (an) apple, (a) tree, (an) egg, (a) cat

اسم خاص (Proper Noun)

اسمی که به یک شخص، شیء، حیوان یا مکان خاصی اشاره دارد. مثلا **"Tehran"** یک اسم خاص است. زیرا به مکان مخصوصی اشاره می‌کند و عموماً همگی **"Tehran"** را صرفا به عنوان پایتخت کشور ایران می‌شناسند.

اسامی خاص به طور کلی شامل موارد زیر می‌شوند:

الف) اسم اشخاص:

Christ, Sarah, Jack, Kim, George, Michael

ب) اسم شهرها و کشورها:

Colorado, London, America, Canada, Iran

ج) ایام هفته و ماه‌های سال:

Sunday, Tuesday, March, August

د) اسم همراه با صفت ملکی، یا صفت اشاره

his car, our house, this pen, those books

ه) کلیه اسامی کوچه‌ها، دریاها، مغازه‌ها، رستوران‌ها و .... همگی اسامی خاص بوده و هرکجای جمله واقع شوند، حرف ابتدایی آنها بزرگ **(capital)** نوشته می‌شود.

Mellat park, Everest mountain, Mo'een Darbari restaurant, Saint David street

اسم مفرد، تنها به یک شیء یا جاندار اشاره می‌کند و اسم جمع به بیش از یکی اشاره دارد.

a flower ➔ flowers　　a carpet ➔ carpets　　an institute ➔ institutes
a week ➔ weeks　　a bowl ➔ bowls　　an activity ➔ activities
a hat ➔ hats　　an orange ➔ oranges　　a place ➔ places

Countable and Uncountable Nouns

جهت شناخت بیشتر اسم به شکل کاربردی، آن را به دو دسته قابل شمارش و غیر قابل شمارش تقسیم می‌کنیم:

اسامی قابل شمارش **(Countable Nouns)** : همانطور که از اسم آن پیداست، اسمی‌است که می‌توان آن را با استفاده از اعداد، شمارش کرد. به عنوان مثال سه عدد سیب **(three apples)** سیب قابل شمارش بوده و آن را با اعداد شمردیم.

نکته حائز اهمیت آن است که چنین اسامی درحالت مفرد، با **a/ an** همراه هستند.

نکته مهم۱: هرگاه اسم مفرد قابل شمارش، با یکی ازاصوات **(اَ اِ اُ آ ای او)** آغاز شود، حرف تعریف **an** می‌گیرد. در غیر این صورت اسم مفرد قابل شمارش با **a** بکار می‌رود.

به مثال‌های زیر دقت کنید:

a book	a leg	a teacher	a glass	a cell phone	a pen
an apple	an umbrella	an eraser	an egg	an office	an ice-cream

اسامی قابل شمارش را می‌توان با برخی از کمیت سنج‌ها مانند: **a lot of, some, a few, too many, many, fewer, several,** بیان کرد.

به جملات زیر دقت کنید:

Emma has a lot of books in her bag. — اِما یه عالمه کتاب تو کیفش داره

A few people are in the office. — یه چند نفری تو اداره ان

Fewer than 10 people came to the party. — کمتر از ده نفر به مهمونی اومدن

Some people have two cell phones. — بعضی از مردم دو تا موبایل دارن

My sister has many photos in her album. — خواهرم کلی عکس تو آلبومش داره

There are too many people here. Where are you? — کلی آدم اینجاست، کجایی تو؟

I can see lots of cars in the street. — من که کلی ماشین تو خیابون میبینم

They have several tasks to do. — یه چنتا کار دارن

اسامی غیرقابل شمارش(Uncountable Nouns): این سری از اسامی را **نمی‌توان** همانند اسامی قابل شمارش شمرد و درحالت جمع به آن **s** اضافه کرد. این اسامی زمانی بکار می‌روند که مقدار مد نظر باشد، نه تعداد و شرایطی جهت شمردن تک به تک!

مثلا **(sugar)** به معنای شِکر، از میلیاردها ذره تشکیل شده و شمردن تک به تک این ذرات کاری عبث و بیهوده است.

ناچارا جهت شمردن چنین عناصری، واحد مخصوص به خود آنها را تعریف می‌نماییم.

به طورکلی، اسامی غیرقابل شمارش بدین شرح طبقه بندی می‌شوند:

۱. مایعات (liquids)

۲. خمیرها (doughs)

۳. پودرها (powders)

۴. گازها (gases)

۵. فلزات (metals)

۶. احساسات و اسامی انتزاعی (feelings and abstract nouns)

و دیگر تولیدات مانند صابون، پشم، چوب و ...

به کلمات ویژه زیر توجه کنید:

work, information, news, hair, grass, food, sugar, sand, change, wheat, advice, bread, money, equipment, research

و اعداد رُند مانند:

ten, hundred, thousand, million, billion, trillion, dozen.

همانطورکه گفته شد، جهت شمارش چنین اسامی نیاز به واحد شمارشی داریم بدین شرح که پس از بکاربردن واحد مورد نظر، با کمک حرف اضافه **of** اسم غیرقابل شمارش را بکار می‌بریم.

واحدهایی که جهت شمارش چنین اسامی بکارمی‌روند بدین شرح می‌باشد:

a tube of toothpaste یه خمیر دندون	five tubes of toothpaste پنج تا خمیردندون
a bar of soap یه صابون	three bars of soap سه تا صابون
a piece of hair/ advice/luggage یه لاغ مو، یه نصیحت، یه چمدون	two pieces of hair/ advice/ luggage دولاغ مو، دوتا نصیحت، دوتا چمدون
a handful of change یه مشت پول خورد	four handfuls of change چهارمشت پول خورد
a loaf of bread یه نون	two loaves of bread. دوتا نون

There are three hundred people in the stadium. سیصد نفر تو استادیوم ان

God created the universe two billion years ago دومیلیارد سال پیش خدا جهان رو آفرید

Don't forget to buy two dozen eggs on the way back.

برگشتنی یادت نره دو شونه تخم مرغ هم بگیری.

برخی اسامی به شکل استثناء وجود دارند که تنها فعل آنها مشخص کننده تعداد می‌باشد.

مانند:

furniture, sheep, fish, deer, series

به مثال‌های زیر دقت کنید:

They have nine furniture in the living room. ۹ تا مبل توی سالن پذیرایی چیدن

Nina has eight fish in her aquarium. نینا هشت تا ماهی توی آکواریومش داره

The liar shepherd had many sheep in his field.

چوپان دروغگو یه عالم گوسفند تو مزرعه ش داشت.

I saw two deer down the cliff. دوتا گَوَزن پایین درّه دیدم

A series of the book was printed. یه سِری از کتابه زدن

جهت شمارش اسامی غیرقابل شمارش توسط کمیت‌سنج‌ها، از کلمات زیر **a lot of, too much, some, a little** استفاده می‌کنیم.

There is a little salt in the salt shaker. یکم نمک تو نمکدون هست

Give me some water. یکم آب بده

I had so much fun. کلی بهم خوش گذشت

What's up? Not much. چه خبرا؟ خبری نیست

Our neighborhood has too much traffic during rush hours.

محله مون تو ساعات شلوغی شدید ترافیکه.

تفاوت بین a few, few و a little, little

few, a few برای اسامی قابل شمارش و **little** ,**a little** برای اسامی غیرقابل شمارش بکارمی‌روند.

به مثال‌های زیر دقت کنید:

I have a little money مقداری پول دارم

I have little money پول کافی ندارم

A few students gave the correct answer. یه چنتا از دانش آموزا درست جواب دادن

Few students gave the correct answer. کمتر کسی جواب درست داد

تفاوت much و many

much تنها برای اسامی غیرقابل شمارش درجملات مختلف بکار می‌رود و همچنین فعل مورد استفاده مفرد می‌باشد.

We don't have much money. پول زیادی نداریم

He had so much fun. کلی عشق و صفا کرده

How much sugar do you want? چقدر شِکر می خواین؟

There is too much water in the pool. آب زیادی داخل حوضه

many با اسامی قابل شمارش همراه است و در جملات مختلف بکار می‌رود.

Sarah has many friends. سارا کلی دوست و رفیق داره

There are many cars in the street. کلی ماشین توی خیابونه

Many people wake up early in the morning. خیلیا صبح زود بیدار میشن

There are too many students in this class. دانش آموزای این کلاس خیلی زیادن

English for Eager Beavers

شکل سؤالی چنین جملاتی که با **much** و **many** همراه هستند به کمک کلمه پرسشی **how** به شرح زیر صورت می‌گیرد:

How much money did you spend? — چقدر پول خرج کردی؟

How much do you weigh? — چند کیلویی؟

How much water can you drink per day? — روزی چقدر میتونی آب بخوری؟

How <u>many</u> friends do you have? — چنتا رفیق داری؟

How <u>many</u> cars does he have? — چنتا ماشین داره؟

How <u>many</u> pens are there on the desk? — چنتا خودکار رو میزه؟

به جدول زیر دقت کنید:

milk, wheat, millet, tea, sugar, rice, flour much ➔ a lot of a little ➔ some **How much**	pencil, picture, bag, sharpener, hen, book many ➔ a lot of a few ➔ some ➔ several **How many**

برخی اسامی، خود دارای <u>s</u> هستند مانند:

glasses, sunglasses, jeans, pants, trousers, nail clippers …

با این حال جهت شمارش، برای آنها واحد تعریف می‌کنیم و مانند نمونه تعداد آنها را می‌شماریم.

My glasses are on the desk. — عینکم روی میزه

I have two pairs of sunglasses. — من دوتا عینک آفتابی دارم

Larry bought a new pair of pants — لَری یه شلوار نو گرفت

There is a pair of scissors in the drawer if you need. — قیچی لازم داری، یکی تو کشو هستا.

نکته مهم ۱: برخی اسامی دومعنا دارند، یکی قابل شمارش و دیگری غیرقابل شمارش.

Could you bring us two glasses of water? — میشه دو لیوان آب واسمون بیاری؟

I cut myself on some glass. — خودمو با شیشه بریدم

The Time is a great paper. — روزنامه تایم معرکه س

It's made of paper. — جنسش کاغذه

Is English a simple language? — انگلیسی آسونه؟

Linguistics is the study of language. — زبانشناسی، مطالعه زبان است

Chapter 1: Noun

نکته مهم۲: هنگامی که درمورد مقداری غذای پخته شده مانند **potato** صحبت می‌کنیم، اسم قابل شمارش مورد نظر به شکل غیرقابل شمارش تلقی می‌شود.

I bought a kilo of potatoes.	یه کیلو سیب زمینی خریدم
Didn't you have some potato?	یکمَه سیب زمینی نخوردی؟

نکته مهم۳: برخی اسامی قابل شمارش به شکل مرکب در انگلیسیِ بریتانیایی و امریکایی متفاوت بکار می‌روند.

mashed potato (British English) mashed potatoes (American English)	پوره سیب زمینی

تفاوت some و any

از **some** می‌توان هم برای اسامی قابل شمارش و هم غیرقابل شمارش استفاده نمود، با این تفاوت که اسم قابل شمارش بکار رفته با **some** با **فعل جمع** بکار می‌رود، ولی اسامی غیرقابل شمارش استفاده شده با **some** با **فعل مفرد** همراه خواهند بود.

Mary has some books in her library.	مِری تو کتابخونه‌ش چنتایی کتاب داره
There are some eggs in the fridge.	چنتا تخم مرغ تو یخچاله
He needs some money.	یکَم پول لازمه
We drink some coffee every morning.	ما هرروز صبح یکم قهوه می‌خوریم

any نسبت به **some** در مباحث گسترده‌تری مورد استفاده می‌باشد. **any** عموماً در جملات منفی و سؤالی همراه با اسامی قابل شمارش و غیرقابل شمارش و فعل جمع یا مفرد بکار می‌رود.

Do you have any siblings?	خواهر برادر داری؟
Take any card you like.	هرکارتی که دوست داری بردار
Doesn't she have any questions?	سؤالی نداره؟
They don't have any money.	هیچ پولی ندارن
I don't eat any meat.	من گوشت نمی‌خورم

اسامی مرکب (Compound Nouns)

اسم مرکب: اسمی است که از ترکیب دو یا چند اسم دیگر ساخته شده باشد. به عبارت دیگر، از ترکیب دو یا چند اسم مجزا بایکدیگر، اسم مرکب ساخته و معنای جدیدی را به وجود می‌آورد.

◈ toothbrush   post office   mother-in-law

سه نوع اسم مرکب وجود دارد:

تک کلمه‌ای (One Word)

football, sunglasses, newspaper, haircut, airport, bedroom, wristwatch, sunrise, blackboard, rainfall, outside, online, checkout, hangout, housefly, underworld, seafood, dormouse, thankful, trustful, bystander, etc.

دوکلمه‌ای جدا (Two Separated Words)

washing machine, swimming pool, full moon, police station, towel rack, wedding ring, credit card, alarm clock, traffic light, DVD player, light bulb, cell phone, post office, middle east, living room, dinner table, fountain pen, etc.

بافاصله (Hyphenated)

brother-in-law, one-half, eight-year-old, twelve-pack, factory-made, dry-cleaning, well-being, hand-woven, self-confidence, etc.

در این بین استثناتاتی نیز وجود دارد که نسبت به اَمرِکن و یا برِتِش بودنِ کلمه مورد نظر(که بین فارسی زبانان به اشتباه اَمریکن و بیریتیش تلفظ می‌شود)، می‌تواند به هر سه شکل نوشته شود:

containership container ship container-ship

Plural of Nouns

در زبان انگلیسی اسامی به اشکال مختلف جمع بسته می‌شوند:

۱. با افزودن s به آخرِ اسم مفرد

book - books table- tables

۲. اسامی که به x, z , ch, sh, s ختم می‌شوند و در جمع es می‌گیرند، یک سیلاب به تلفظشان اضافه می‌شود.

bus	buses	box	boxes	church	churches
bench	benches	buzz	buzzes	brush	brushes

۳. اسامی که به o ختم می‌شوند اگرحرف ماقبل o بی‌صدا باشد، در جمع es می‌گیرند.

potato	potatoes	motto	mottoes	hero	heroes

Chapter 1: Noun　　　　　　　　　　　　　　　　　　　　M.H.Zahedi

۴. اسامی مختوم به **o** که حرف ما قبل **o** صدادار باشد، در جمع فقط **s** می‌گیرد.

radio　radios　　　　　Hindoo　Hindoos　　　　　video　videos

استثناء: photo علی رغم بی صدا بودنِ حرف ماقبل، درحالت جمع تنها **s** می‌گیرد. photo**s**

۵. کلیه اسامی مختوم به **y** که حرف ماقبل آخرشان بی‌صدا باشد، درجمع **y** حذف میگردد و **ies** جایگزین می‌شود.

city　cities　　　　　　　　baby　babies

۶. کلیه اسامی مختوم به **y** که حرف ماقبل آخرشان صدادار باشد، در جمع فقط **s** می‌گیرند.

key　keys　　　　　　play　plays　　　　　boy　boys

۷. اسامی مختوم به **y** در هر حال **s** می‌گیرند.

Henry　Henrys　　　　　Priestley　Priestleys

۸. اسامی که به **f** یا **fe** ختم می‌شوند، عموماً در جمع حذف و **ves** می‌گیرند.

wife wives ,　　　　leaf leaves ,　　　loaf loaves ,　　　knife knives

۹. اسامی که به **oof, eef, ief, rf, ff** ختم می‌شوند، در جمع فقط **s** می‌گیرند.

reef reefs ,　　chief chiefs　,　　cliff cliffs ,　　roof roofs　　,. scarf scarfs

کلمات زیر از قانون مستثنی هستند:

safe safes　　　　　　　gulf gulfs　　　　　　thief thieves

۱۰. اسامی که از دو کلمه تشکیل شده‌اند، معمولا **s** جمع به قسمت اصلی آن کلمه افزوده می‌شود.

stepmother　stepmothers　　　　　　son-in-law　sons-in-law

۱۱. اسامی مرکب که به **ful** ختم می‌شوند، در جمع معمولا **s** می‌گیرند.

handful　handfuls　　　　　　　　spoonful　spoonfuls

۱۲. در انگلیسی هشت کلمه موجود است که در جمع فقط حروف صدادار وسط تغییر می‌کند.

dormouse......dormice　　　man........ men　　　woman.....women
tooth............ teeth　　　　louse......lice　　　　mouse.........mice
　　　　　foot……….. feet　　　　　　goose.........geese

۱۳. تعدادی از اسامی در جمع **ne** یا **en** می‌گیرند.　　ox　　ox**en**　　cow　ki**ne**

۱۴. بعضی اسامی به شکل مفرد هستند و فقط به مفهوم جمع بکار می‌روند. فعل این کلمات باید به صورت جمع باشد.　　police　　　　　crowd　　　　　people

۱۵. برخی اسامی مفرد به s ختم می‌شوند و نکته حائز اهمیت آن است که s جزءکلمه است، نه علامت جمع، و فعل با این اسامی به صورت مفرد بکار می‌رود.

physics علم فیزیک   electronics علم الکترونیک   politics علم سیاست

economics علم اقتصاد   mathematics علم ریاضیات

استثناء: پسوند "logy" انتهای هر کلمه‌ای باشد، عموماً آن کلمه به معنی "**علم و حرفه**" است.

psychology علم روانشناسی   biology علم زیست شناسی

geology علم زمین شناسی   sociology علم جامعه شناسی

archaeology علم باستان شناسی

چنانچه کلمه‌ای به پسوند "logy" ختم شد و حتی معنای آن را نمی‌دانستیم، طبق قاعده‌ی مذکور متوجه می‌شویم که اسم یک علم یا حرفه است.

۱۶. درمورد مبالغ، حجم‌ها و چنین مواردی فعل <u>عموماً</u> به شکل مفرد در نظر گرفته می‌شود. زیرا مانند جملات فوق، **مرجع** مورد نظر می‌باشد.

Twenty dollars is the price.   قیمت، بیست دلاره

Ten dollars is too expensive.   ده دلار خیلی زیاده

۱۷. اسامی که به طور مستقیم از زبان لاتین یا یونانی گرفته شده‌اند، معمولا به طور عجیبی جمع بسته می‌شوند. با این حال بسیاری از انگلیسی زبانان تنها با افزودن s آنها را جمع می‌بندند.

analysis/ analyses   axis/ axes   phenomenon/ phenomena

hypothesis/ hypotheses   cactus/ cacti   criterion/ criteria

stimulus/ stimuli

نکته مهم: برخی اسامی دیگر مانند family, couple یا team بسته به موقعیت می‌توانند فعل مفرد یا جمع بگیرند. اگر مقصود از کلمات مذکور تک تک اعضا باشند، فعل جمع و اگر به عنوان یک **مجموعه** یا یک واحد درنظر گرفته شود، فعل مفرد استفاده می‌شود.

The team is ready.   تیم آماده س

The team were tired.   اعضای تیم خسته بودن

My family is large.   خانواده پرجمعیتی دارم

My family are kind and generous.   خانواده من مهربون و دست بخیرن

The couple has three children.   زوج سه تا بچه دارن

That couple are happy.   اون زوج خوشبختن

تفاوت بین the number of و a number of

پس از **the number of** (عدد - شماره) فعل بصورت مفرد و پس از **a number of** فعل بصورت جمع بکار می‌رود.

The number of students is increasing year by year.

آمار دانشجوها داره هرسال میره بالا.

A number of students are playing soccer.

یه چنتا دانش آموز دارن فوتبال بازی میکنن.

Moods of Noun

الف) حالت فاعلی:

not only.......but also neither......nor either.......or

به مثال‌های زیر دقت کنید:

You can have either tea or coffee. هم چای میتونید بخورید هم قهوه
You can have tea or coffee.
Neither his friends nor Jack **is** cool. نه جک اهل حاله نه دوستاش
Neither Jack nor his friends **are** cool.
Not only Nina but also her parents **are** lovable. نه تنها نینا، حتی مامان باباشم دوست داشتنی ان
Not only her parents but also Nina **is** lovable.

نکته۱: فعل پس از **either** و **neither** نیز به شکل مفرد می‌آید.

Neither of the boys **is** handsome. هیچکدوم از پسرا حالی نیست

نکته۲: فعل پس از ضمیر موصولی **(who)** با اسم پیش از خود مطابقت می‌کند.

She's one of the most famous **painters** who **have** ever lived.

از معروف ترین نقاشاییه که تا حالا بوده.

همچنین فعل بعد از کلمات زیر به شکل مفرد بکار می‌رود.

"no body, anybody, somebody, everyone, neither, either"

Somebody is calling me. یکی داره صدام میکنه

نکته ۳: اگر مضاف و مضاف الیه فاعل جمله قرار گیرند، فعل با مضاف تطبیق می‌کند.

The legs of the chair are broken down. پایه های صندلی خرابن

ب) حالت ندائی:

این حالت از اسم جهت مخاطب قرار دادن و صدا کردن شخص بکار می‌رود. (منادی) و به دو شکل زیر نمایان می‌شود:

Sarah! Come here, please. How are you, Linda?

ج) حالت مفعولی:

مفعول بی واسطه (direct object)

هرگاه فعلی تنها یک مفعول داشته باشد و آن مفعول بلافاصله پس از فعل قرار گیرد، به آن مفعول بی واسطه گویند که ممکن است شخص یا غیر شخص باشد.

I met Mark.
بی واسطه

I opened the window.
بی واسطه

مفعول با واسطه (indirect object)

هنگامی که فعل دارای دو مفعول باشد در این حالت یکی از دو مفعول غالبا بر **شخص** دلالت می‌کند که **باواسطه** نامیده می‌شود و دیگری بر **غیرشخص** دلالت داشته و **بی واسطه** است. معمولا مفعول با واسطه مقدم‌تر است.

I gave Barak a book. — یه کتاب دادم باراک
باواسطه بی‌واسطه

That man bought my friend a car — اون یارو واسه دوستم یه ماشین گرفت
باواسطه بی‌واسطه

چنانچه ابتدا بی واسطه بکار رود، مفعول با واسطه همراه با حرف اضافه **to** یا **for** بکار برده می‌شود.

I gave a book to Barak. — یه کتاب دادم به باراک
بی‌واسطه باواسطه

That man bought a car for my friend. — اون مرد یه ماشین واسه دوستم خرید
بی‌واسطه باواسطه

مهمترین افعالی که مفعول **بی واسطه** آنها با حرف اضافه **to** بکار می‌رود:

bring	آوردن	promise	قول دادن	show	نشان دادن
give	دادن	read	خواندن	teach	درس دادن
lend	قرض دادن	tell	گفتن	sell	فروختن
pass	رد کردن	write	نوشتن	send	فرستادن

مهمترین افعالی که مفعول **بی واسطه** آنها با حرف اضافه **for** بکار می‌رود:

prepare	آماده کردن	find	پیدا کردن	do	انجام دادن
buy	خریدن	paint	نقاشی کردن	make	ساختن
choose	انتخاب کردن	order	سفارش دادن		
get	آوردن	cook	پختن		

مفعول حرف اضافه (object of preposition)

هنگامی که فعل دارای یک مفعول باشد و آن مفعول پس از حرف اضافه واقع شود.
(حرف اضافه در انگلیسی مانند فعل عمل می‌کند و مفعول می‌گیرد و هرکلمه‌ای که پس از حرف اضافه واقع شود مفعول حرف اضافه نامیده می‌شود).

I talked to Sharon.

مفعول حرف اضافه

د) حالت ملکی: برای بیان مالکیت به دو طریق بکار می‌رود.

۱. با قرار دادن **of** بین مضاف و مضاف الیه.

The cover of the book — جلد کتاب

The house of Mr. Anderson — خونه آقای اَندرسن

حرف اضافه **of** معمولا در مورد اسامی بی‌جان بکار می‌رود. گرچه در مورد جانداران نیز بکار می‌رود.

۲. چنانچه مضاف الیه جاندار (انسان یا حیوان) باشد، بجای حرف اضافه of از ('s) استفاده می‌کنیم.

Richard's book — Garry's brother

women's dresses — children's toys

اگر مضاف الیه جمع و دارای s باشد و یا مفرد باشد، و به حرف s ختم شود، در حالت ملکی فقط (') میگیرد.

the girls' teacher — James' father

نکته مهم ۱: ملکی مضاعف زمانی بکار می‌رود که تاکید، متوجه مالک باشد:

David is a friend of mine.	دیوِد یکی از دوستامه
Some friends of Joey's travelled abroad.	چنتا از دوستای جُویی رفتن خارج
Isn't that a book of his?	این یکی از کتاباش نیست؟
Ronnie saw a relative of hers.	رانی یکی از اقوامش رو دید

نکته مهم ۲: حرف تعریف **the** قبل از اسم در حالت ملکی مضاعف هرگز بکار نمی‌رود.

Transitive & Intransitive Verbs

افعالی که جهت تکمیل شدن معنای جمله به مفعول نیاز دارند افعال متعدی (transitive) و افعالی که مفعول نپذیرفته و خود دارای معنای کامل هستند، افعال لازم (intransitive) نام دارند.

She is eating <u>a sandwich</u>.	داره ساندویچ می‌خوره
Miran kicked <u>the ball</u>.	مِران توپ رو شوت کرد
The doctor cured <u>him</u>.	دکتر مداواش کرد

همانطور که می‌بینید در مثالهای بالا کلمات بکار رفته پس از فعل، مفعول جملات هستند که در پاسخ به (**چه چیزی/ کسی را**) می‌باشد حال که دارای مفعول هستند، لذا transitive می‌باشند.

It rained all yesterday.	دیروز یه ریز بارون اومد
He arrived.	رسید
Arnould came.	آرنولد اومد

افعال موجود در مثالهای فوق نمی‌توانند به (چه چیزی/کسی را) پاسخی دهند، لذا (intransitive) هستند چرا که جهت تکمیل شدن معنای جمله اصلا نیازی به مفعول ندارند.

Ambitransitive Verbs

که به Ergative یا Labile Verbs نیز معروف هستند.

چنین افعالی باتوجه به موقعیت گاهی متعدی و گاهی لازم بشمار می‌روند.

I play.	I play football.

در جمله اول play فعلی لازم و جمله دوم متعدی است چون football مفعول جمله می‌باشد. با اینکه چنین افعالی بسیار زیاد هستند در اینجا لیستی از کاربردی ترین افعال که می‌توانند متعدی وگاهی لازم درنظر گرفته شوند، آمده است:

walk	قدم زدن	agree	موافق بودن	move	جابجا کردن	stop	توقف کردن
set	تنظیم کردن	wash	شستن	sit	نشستن	live	زندگی کردن
start	شروع کردن	grow	رشد کردن	break	شکستن	open	بازکردن

Chapter 1: Noun   M.H.Zahedi

Part A

شکل جمع کلمات را بنویسید.

1. picture ………   4. pen ………   7. knife ……   10. ox….
2. city ………..   5. potato……   8. man …….   11. desk…..
3. tooth ……….   6. foot ………   9. sandwich….. 12. teacher…..

Part B

شکل صحیح کلمات داخل پرانتز را انتخاب کنید.

1. There are a lot of (sheep-sheeps) in the field.
2. James brushed his (toothes-teeth) and went to bed.
3. I saw five big (fish-fishes) in the river.
4. My trousers (are-is) a bit tight.
5. Several apples (is-are) falling from the tree.
6. Gymnastics (is-are) my favorite sport.
7. The pants you bought for me (are-is) loose.
8. Can I borrow your scissors? Mine (isn't-aren't) sharp enough.
9. (Does-Do) the police know how the crime happened?
10. I need more money. Fifteen dollars (is-will) not enough.
11. She likes her friends. They are nice (persons-people).
12. Each of the drivers (was-were) given a ticket.
13. Not only Nina but also her friends (is-are) tall.
14. He bought three (dozen-dozens) eggs.
15. My brother bought many (dozen-dozens) of eggs.
16. There (wasn't- weren't) much damage to the crops.

Part C

جملات زیر را با استفاده از کلمات زیر کامل کنید. در برخی جملات، کلمه مورد نظر شکل جمع می‌پذیرد. (یک کلمه اضافی است)

have, has, shop, day, bicycle, friend, photo, city

1. There were no ……. open yesterday
2. There are seven ……. in a week.
3. I have a ………. .
4. Mina went out with some ………. of hers last night.
5. She had her camera but she didn't take many ………. .
6. Every country …….. several ………. .

Part D

درجملات زیر، هرکدام که ممکن است به حالت ملکی تبدیل کنید.

1. Did you see the car of Michael?
2. The nest of the bird is about to fall.
3. The mother of Jane is sick.
4. The zip of the bag doesn't work.

Part E

گزینه مناسب را انتخاب کنید.

1. He bought ....
a) a gift to his wife b) for his wife a gift
c) a gift his wife d) a gift for his wife

2. She will send ....
a) to us some letters b) us to some letters
c) us some letters d) some letters for us

3. Give ....
a) the bag to me b) to me the bag
c) me the bag d) a & c

4. Would you bring .... ?
a) me a cup of coffee b) to me a cup of coffee
c) a cup of coffee for me d) to a cup of coffee me

5. He made ....
a) his sister toy b) to his sister toy
c) a toy to his sister d) his sister a toy

6. .... are sharp.
a) The lion teeth b) Teeth's lion
c) The lion's teeth d) The lion's toothes

Turn the sentences into English, please.

۱. شلوارم قدری تنگ شده، فردا گشادش می کنم.

۲. دیروز یه قیچی و دوتا خمیردندون از داروخونه گرفتم.

۳. دیروز عصر خبرهای وحشتناکی از رادیو پخش شد.

۴. پرستار واسم چنتا قرص آورد.

۵. لطفا واسم یه نوشیدنی بیار.

۶. پایه صندلی لقه. مواظب باش نیوفتی.

۷. متاسفانه تجهیزات مدرسه به روز نیستن.

B B B

B B

B

b b b

b b

b

Articles (a, an, the)

همانطور که گفته شد، هیچ اسم مفرد قابل شمارشی بدون حرف تعریف وجود ندارد.

a , **an** حروف تعریف نکره هستند که همیشه با اسامی مفرد قابل شمارش بکار می‌روند.

a boy	a girl	a pen	a picture	a spoon	a doll
an egg	an apple	an ice-cream	an institute	an umbrella	an idea

اما حرف تعریف **the** که کاربرد گسترده‌تری نسبت به حروف تعریفِ نکره دارد، هم با اسم مفرد و هم جمع بکار می‌رود. با این تفاوت که اسم مورد نظر برای شنونده حضور عینی یا ذهنی دارد.

The man is here. آقاهه اینجاس

One of the students is absent. یکی از دانش آموزا غایبه

The airplane lands at 7:30. هواپیما ساعت هفت و نیم میشینه

The picture is on the wall. عکسه به دیواره

He has a motorcycle and a car but uses the car more often.

هم موتور داره هم ماشین. اما اکثرا ماشین رو برمیداره.

I saw a man out. The man was really tall.

یه مردی رو بیرون دیدم. یارو خیلی قدش بلند بود.

جملات زیر را مقایسه کنید:

A horse is a noble animal. اسب حیوانی ست نجیب

The horse is sick. اسبه مریضه

نکته بسیار مهم

چنانچه اسم مفرد قابل شمارش پس از **as** به معنای سِمَت بکار رود، می‌تواند بدون حرف تعریف نیز بکار رود.

به مثالهای زیر دقت کنید:

I'm here as president of the United States. من به عنوان رئیس جمهور امریکا اینجام

She was elected as manager of the company. به عنوان مدیر شرکت انتخاب شد

He is as a doctor! Why don't you respect him?

ناسلامتی دکتره ها! چرا بهش احترام نمیزاری؟

Chapter 1: Noun   M.H.Zahedi

در موارد زیر حرف تعریف **the** بکار می‌رود:

۱. قبل از اسامی شغلِ آدم‌ها، کارها، خدمات یا سازمان‌هایی که در زندگی روزمره با آنها سروکار داریم.

The doctor is really on time.   دکتره خیلی دقیقه
The shops open at 9 a.m.   مغازه‌ها ساعت ۹ باز میکنن
I heard it on the radio.   از رادیو شنیدم

۲. پیش از اسامی که از آنها تنها یک عدد وجود دارد، به علاوه ستارگان، باد و هوا.

the earth, the sun, the moon, the weather, the wind, the stars

Open the door.   در رو باز کن   Clean the whiteboard.   تخته رو پاک کن

۳. پیش از صفات ملیت، وقتی منظور افراد آن ملت مدنظر باشند.

The Thai are famous for their happiness.   تایلندی‌ها به شاد بودن معروف ان
People tell many jokes about the Irish.   مردم واسه ایرلندی‌ها جوک زیاد میگن

۴. قبل از اسامی مفرد قابل شمارش وقتی نوعی گیاه، ماشین و یا اختراع باشد.

The rose is my favorite flower.   رز گل مورد علاقه منه
The telephone was invented by Bell.   بل تلفن رو اختراع کرد

۵. پیش از اعداد ترتیبی نیز، حرف تعریف **the** بکار می‌رود. که البته پس از آن، جمله مستلزم یک اسم می‌باشد.

I am the first <u>person</u> who won the competition. The second is unknown.

من نفر اول مسابقه شدم. دومی معلوم نیست کیه.

۶. قبل از اسامی رودخانه‌ها، دریاها، خلیج، اقیانوس‌ها، سلسله جبال، تپه‌ها، دره‌ها، مجمع الجزایر و آن دسته از کشورهایی که ترکیبی از چند کلمه‌اند.

the Amazon, the Caspian Sea, the Persian Gulf, the Atlantic Ocean,
the Alborz mountains, the California Valley, the Philippines, …

۷. قبل از صفات جهت نشان دادن طبقه یا افراد جامعه.

the poor, the young, the rich, the dead, the unemployed, …

۸. قبل از اسامی کشتی‌ها، تئاترها، باشگاه‌ها، روزنامه‌ها، سینماها و هتل‌ها.

the Khorasan, the Keyhan International, the Titanic, …

۹. قبل از نام خانوادگی اشخاص، تنها به صورت جمع.

◈ The Millers are coming.   خانواده مِلِر دارن میان
◈

در موارد زیر حرف تعریف **the** بکار نمی‌رود:

۱. اسامی که مفهوم عام و کلی دارند، حرف تعریف **the** نمی‌گیرند. حال آنکه اگر به شخص یا شئ خاصی اشاره داشته باشند، با حرف تعریف **the** همراه خواهند شد.

به جملات زیر دقت کنید:

Girls are generally sensitive. — دفتر ها کلا حساسن
Gold is a precious metal. — طلا فلزی ارزشمنده
The girls I teach are smart. — دفترایی که بهشون درس میدم خیلی باهوشن
The gold she bought was fake. — طلایی که خرید، تقلبی بود

۲. قبل از کلمات **home, school, church, prison, bed, work, hospital** که جهت انجام وظیفه خود بکار روند.

The casualty is in hospital. — مصدوم بیمارستانه
Jim is at school. — جِم مدرسه س
Jim's father went to the school. — بابای جِم رفت مدرسه
The priest is in church. — کشیش تو کلیساس
She usually goes to the church on Sundays. — معمولا یکشنبه ها میره کلیسا

۳. قبل از اسامی قاره‌ها، کشورها، شهرها، خیابان‌ها و دریاچه‌ها.

Robert is from Chicago. — رابرت اهل شیکاگو هستش
Isfahan is a beautiful city. — اصفهان شهر زیبایی ست
We live on Kelly Ave. — ما خیابون کِلی زندگی میکنیم
Yosemite is an amazing waterfall. — یوسِمِدی آبشار شگفت انگیزیه

۴. با کلمات صبحانه، ناهار و شام به شرطی که توصیفی به همراه نداشته باشند، حرف تعریف **the** به کار نمی‌رود.

I have breakfast at 7:30 a.m. — من صبحانه م ساعت هفت و نیمه
The dinner that we had last night was great. — شامی که دیشب خوردیم عالی بود

نکته مهم: با اینکه اسامی مفرد قابل شمارش بدون حرف تعریف وجود ندارند، اما اسامی غیر قابل شمارش در صورت معرفه بودن **the** و در غیر این صورت بدون حرف تعریف بکار می‌روند.

Water is vital for life — آب مایه حیات است.
The water in this jar is not cold — آب داخل پارچ، خنک نیست .

Chapter 1: Noun   M.H.Zahedi

Part F

در جملات زیر در صورت نیاز **a, an** یا **the** مناسب قرار دهید.

1. Where do you usually have…. dinner?
2. Did you have….fun days?
3. I heard important news on….. radio.
4. She loves going to…… moon.
5. Put ... suitcase in….trunk of…car.
6. …….water in that stream is not suitable for drinking.
7. …...oranges are grown in …. Spain, … South Africa, … Brazil, …. Palestine and…….. Philippines.
8. He plays …… violin very well.
9. When he left …… house, ….. sun was shining in …… sky.
10. One of ….. prettiest oceans in …. world is …... Pacific Ocean.
11. Take ….. chair and feel yourself at ….. home.

Part G

گزینه صحیح را انتخاب کنید.

1. Sarah is ….only girl who is dominant in four languages in our neighborhood.
   a) a   b) an   c) the   d) ….
2. I am very interested in history and I like to study ….history of my country.
   a) a   b) the   c) ….   d) an
3. ….. rich should help …. poor.
   a) …./….   b) the/….   c) ….//the   d) the/the
4. …. Italy is …. European country.
   a) the/…   b) an/ a   c) …/an   d) …/a
5. There isn't … airport nearby.
   a) a   b) the   c) an   d) b & c
6. I have …. little money. Sorry! I cannot help you.
   a) ….   b) an   c) the   d) a

Turn the following sentences into English, please.

۱. آقا ببخشین! سیب(زمینی)ها کیلویی چنده؟
۲. خیر و شر تو اقسا نقاط جهان یافت میشه.
۳. تو اتریش مردم به زبان آلمانی صحبت می کنن.
۴. کمتر از یه ساعت دیگه برمیگردم.
۵. چه موهای قشنگی داری!
۶. قطارشهری وسیله ای راحت و سریعه.
۷. برای ایستگاه قطار، تاکسی گرفتم.
۸. میشه منو برسونی خونه؟ چون یکم عجله هم دارم.

C C C

C C

C

c c c

c c

c

Chapter 2: Pronoun

ضمیر کلمه‌ای است که جایگزین اسم می‌شود و از تکرارآن جلوگیری می‌کند. ضمیر انواع مختلف دارد که مهمترین و کاربردی‌ترین آن، ضمایر فاعلی **(Subjective Pronouns)** هستند که جایگاه آنها در ابتدای جمله بوده و صرفاً در مورد کننده کار صحبت می‌کنند.

ضمایر به طور کلی به ۹ دسته تقسیم می‌شوند:

فاعلی، مفعولی، ملکی، انعکاسی، تاکیدی، اشاره، مبهم، موصول و استفهامی

Alex is my friend. He's a salesperson. الکس دوست منه. فروشنده س

در یک جمله کلمات زیر می‌توانند جایگزین فاعل جمله شوند:

I من	We ما
You تو	You شماها
He او(مرد) She او(زن) It آن(اشیا)	They آنها

۱. ضمایر فاعلی (Subjective Pronouns)

الف) به عنوان فاعل درابتدای جمله به کار می‌رود. مانند:

He's my father. She is sorry. We are students.

ب) به عنوان متمم جمله بعد از افعال to be:

Who is it? It's I. کیه؟ منم

Who broke his glasses? Sorry! It was **me**. کی عینکشو شیکوند؟ ببخشین، من

۲. ضمایر مفعولی (Objective Pronouns)

کلماتی که به جای مفعولِ جمله به کار می‌روند. چنانچه پس از فعل به کار روند (مفعولِ فعل) و اگر بعد از حرف اضافه بهِ کار روند (مفعول حرف اضافه) خواهند بود.

me	us
you	you
him her It	them

Did you talk to **them**? باهاشون حرف زدی؟

He saw **me** at the door. دم در منو دید

I looked at **it** carefully. با دقت بهش نگاه کردم

Please, give these pants to **Max.** لطف کن این شلوارو بده مکس

۳. ضمایر ملکی (Possessive Pronouns)

کلماتی هستند که جانشین مالک و اسم بعد از آن می‌شوند.

جهت روشن‌تر شدن این مطلب، ضمایر ملکی را با صفات ملکی مقایسه می‌کنیم:

This is my cell phone. This cell phone is mine. — این گوشی منه. این مال منه

My handwriting is good, but yours is better. — دستخط من خوبه، اما مال شما بهتره

Is it my turn or hers? — نوبت منه یا اون؟

His car is here. Where is ours? — ماشینش اینجاس. پس مال ما کو؟

توجه: بعد از صفات ملکی حتماً اسم به کار می‌رود درحالیکه پس از ضمایر ملکی به کار رفتن اسم، محال است.

صفت ملکی		ضمیر ملکی	
my	our	Mine	Ours
your	your	Yours	Yours
his her its	their	His hers its	Theirs

Is her dress nice? — لباسش قشنگه؟

This property is mine. — اینجا مِلک منه

ساختاری به نام ملکی مضاعف نیز کاربرد زیادی جهت گفتگو، در مورد چند نفر یا چند چیز دارد. فرمول آن بدین شکل **(some/a + noun + of + possessive pronoun)** می‌باشد.

a book of mine → one of my books — یکی از کتابام

some pictures of hers → some of her pictures — بعضی از عکساش

نکته: کاربرد **its** به عنوان صفت ملکی، خیلی متداول نیست و بجای آن از(the) استفاده می‌شود.

توجه داشته باشید که **its** را به جای **it's** به کار نبرید چراکه **its صفت یا ضمیر ملکی** است و **it's = it is** می‌باشد.

به مثال‌های زیر دقت کنید:

She has an adorable kitten. **Its** name is Oscar. — یه بچه گربه گوگولی داره. اسمش آسکِره

C'mon! **It's** late. — زودباش! دیرشد بابا

۴. ضمایر اشاره (Demonstrative Pronouns)

همانطور که از اسم آن پیداست این دسته از ضمایر به شخص یا شئ خاصی اشاره می‌کنند.

this	none
that	the former
those these such	the latter

None of the students are present. هیچکدوم از دانش آموزا نیستن

That is a pen. خودکاره

These are bags. اینا کیفن

Some of my friends are jealous, but I'm not such.
بعضی از دوستام حسودن، ولی من این مدلی نیستم.

There are two people in the restaurant. The former is James and the latter is Jack. دونفر داخل رستوران. اولی جیمزه، دومی هم جک

۵. ضمایر نامعین (Indefinite Pronouns)

جهت بیان یک نظر کلی که به جنسیت و یا شئ خاصی دلالت نمی‌کند از ضمایر مبهم یا نامعین استفاده می‌شود ضمایر نامعین عبارتند از:

some, any, no, every, few, little, much, many, other, another, each, plenty of, a lot of, least, less, most, neither, either, several, all, more

There is not anyone to help him هیچکس نیست به دادش برسه

I need someone to teach me English. یه نفر رو میخوام بهم انگلیسی یاد بده

She has no one. بی کسه

Do you have anything to say? چیزی میخوای بگی؟

Every student is present. همه دانش آموزا هستن

We have another opinion. ما نظر دیگه ای داریم

Each person should be polite. هرکسی باید مودب باشه

Neither of us knows French. هیچکدوم از ما دوتا فرانسه بلد نیست

They don't care about others. اونا به بقیه اهمیتی نمیدن

نکته مهم: برخی ضمایر اشاره که نامعین محسوب می‌شوند عبارتند از: **one, ones, they**

به مثال‌های زیر دقت کنید:

One should never tell a lie. آدم هیچوقت نباید دروغ بگه

They say English is difficult to learn. میگن یادگیری زبان انگلیسی سفته

Do you have green **ones**? سبزشم دارین؟

توجه: **It** نیز به عنوان یک ضمیر اشاره تابع جنس، شخص، مفرد و جمع بودن نمی‌باشد.

Who is knocking at the door? **It**'s we. کیه داره در میزنه؟ ماییم

همچنین جهت بیان مسافت فاصله زمان و وضعیت هوا یا تاکید نیز به کار می‌رود.

It was she who called you. اون بود که صدات زد

It's hot today. امروز گرمه

It's very far from here. خیلی ازینجا دوره

It's okay. مشکلی نیست

تفاوت no & not

No →

There is **no rice** on the table. برنجی روی میز نیست

There is **no fresh rice** on the table. برنج تازه ای روی میز نیست

They have **no cheaper cell phones** in this shop.

ازین ارزونتر گوشی توی این فروشگاه ندارن.

Are you sad? No. ناراحتی؟ نخیر

نکته طلایی: قبل از کلمات **much, very, many, any, enough, articles** به کار نمی‌رود.

How was the party? Not very good. مهمونی چجوری بود؟ اِی

No student passed the test.
Not a student passed the test.
هیچ دانش آموزی امتحان رو قبول نشد

Not a spot of rain has fallen for over 10 months.

بیش از ده ماهه یه قطره م بارون نیومده.

There is not much on these days. این روزا خیلی خبری نیست

We no longer believe that madness is due to possession by evil spirits.

دیگه باور نمیکنیم که میگن عصبانیت، ناشی از تسفیر ارواح خبیث و شیطانیه.

They haven't enough money. پول کافی ندارن

موارد استفاده از **not** به شرح زیر است:

۱. به عنوان قید، جهت منفی کردن زمان‌ها

He doesn't like you.   ازت خوشش نمیاد

I don't want to go.   نمیخوام برم

۲. پس از افعالی همچون **think, hope, suppose, believe, to be afraid** به کار رفته و از تکرار مابقی جمله جلوگیری می‌کند.

Do you go to the cinema? "I'm afraid not."   میری سینما؟ "فکر نکنم"

I think it will rain today. "I hope not."   فکر کنم امروز بارون بیاد. "امیدوارم نیاد."

برخی از عبارات منحصراً با **no** به کار می‌روند.

It is no good drinking hot tea for you.   چای داغ اصلا واست خوب نیست

It is no use talking to dad.   حرف زدن با بابا هیچ فایده‌ای نداره

در دو حالت، **no** و **not** هیچکدام استفاده نمی‌شوند.

الف) متمم پرسشی

You are Michael, aren't you?   تو مایکلی، مگه نه؟

She's your friend, isn't she?   دوستته، نیست؟

ب) در جملات سؤالی منفی که به فعل کمکی چسبیده باشد

Can't he make it?   از پسش برنمیاد؟   <u>**فرم غیر رسمی**</u>

Are you not here?   اینجا نیستی؟   <u>**فرم رسمی**</u>

Part A

گزینه صحیح را انتخاب کنید.

1. Who is that? It's ….. .
a) I b) me c) mines d) myselves
2. This glass is dirty. Bring me a clean …..
a) little b) ones c) new d) one
3. I hate this house. I'm going to look for …. .
a) ones b) another c) much d) all incorrect
4. Joe has two sisters, but he doesn't speak to …… of them.
a) any b) neither c) many d) none

Part B

درجای خالی ضمیر مناسب فاعلی، مفعولی، ملکی، و یا نامعین به کار ببرید.

1. I don't know those boys. Do you know ………. ?
2. I like to speak to ………, but he doesn't like to see ……… .
3. Fred is a nice man. I like ……… a lot.
4. Where is my jacket? I can't find ………. .
5. My shoes are shabby. I have to change……… .
6. Robert likes music. ……… plays the piano well.
7. My father got a new job. …….. doesn't like ……. at all.
8. It's our car; it's ……… .
9. It's his coat; it's……… .
10. They're her shoes; they're ……… .

Part C

در جای خالی ضمیر مناسب را به کار ببرید یک ضمیر اضافی است.(یک کلمه اضافی است)

her, me, their, she, us, mine, his

1. Mary and Alex like ……. English class.
2. It was ….. who helped you.
3. The instructor talked to my friend and …… .
4. She taught….. the lesson perfectly.
5. He was on time for….. class, but I was late for ….. .

Turn the sentences into English, please.

۱. منو نیگا!
۲. آدم هیچوقت نباید دروغ بگه.
۳. یکی از فامیلامون رو دیروز دیدم.
۴. کیف گِلبرت کجاست؟ همینطور یه ریز دارم دنبالش میگردم.
۵. کیه داره در میزنه؟ منم.
۶. هِری ماجرا رو واسمون توضیح داد.

Chapter 2: Pronoun   M.H.Zahedi

𝒟 𝒟 𝒟

𝒟 𝒟

𝒟

d d d

d d

d

۶. ضمایر انعکاسی (Reflexive Pronouns)

هرگاه فاعل و مفعول، هر دو به یک شخص یا یک چیز منعکس شوند از این ضمایر استفاده می‌کنیم.

myself خودم	ourselves خودمون
yourself خودت	yourselves خودتون
himself خودش (مرد) herself خودش (زن) itself خودش (حیوانات - اشیا)	themselves خودشون

این دسته از ضمایر یا پس از فعل یا پس از حرف اضافه به کار می‌روند.

She shot herself. اون به خودش شلیک کرد

He saw himself in the mirror. خودشو تو آینه دید

Help yourself. بفرمایین بخورین

I usually talk to myself when I'm alone. معمولا تو تنهاییام با خودم حرف میزنم

It's important to have good feelings about oneself. داشتنِ حسِ خوب نسبت به خود مهمه

۷. ضمایر تأکیدی (Emphatic Pronouns)

چنین ضمایری که از نظر شکل همان ضمایر انعکاسی هستند، صرفاً جهت تاکید بر فاعل و یا مفعول جمله به کار می‌روند.

اگر بلافاصله پس از فاعل به کار روند تاکید بر فاعل جمله دارند و اگر درانتهای جمله به کار روند بازهم تاکید بر فاعل را دارند منتهی به شکل ضعیف‌تر.

و اگر مفعول جمله را تاکید کنند بلافاصله پس از مفعول به کار می‌روند.

I myself talked to him من خودم باهاش حرف زدم

Mark himself painted his house مارک خودش خونشو رنگ زد

She saw the accident itself. خود تصادف رو دید

نکته مهم: گاهی وجود چنین ضمایری با حرف اضافه **by** به معنای "به تنهایی" می‌باشد.

I live by myself. (alone) من تنها زندگی می‌کنم

She enjoyed herself at the party. توی جشن خیلی بهش خوش گذشت

۸. ضمایر موصولی (Relative Pronouns)

این ضمایر برای ربط دادن دو جمله به کار می‌روند تا از تکرار فاعل، مفعول یا حالت ملکی اسم جلوگیری کنند. لازم به ذکر است که ضمایر موصولی، در فارسی "که" ترجمه می‌شوند.

The man crossed the street. The man is my brother.

به سادگی می‌توان با کمک یک ضمیر موصولی، دو جمله فوق را در یک جمله خلاصه و از تکرار فاعل نیز جلوگیری کرد.

The man **who** crossed the street is my brother. مَردی که از خیابون رد شد داداشمه

انواع ضمایر موصولی

به طور کلی ضمایر موصولی به سه بخش فاعلی مفعولی و ملکی تقسیم می‌شوند:

who	اشخاص در حالت فاعلی
whom	اشخاص درحالت مفعولی
which	غیر اشخاص در حالت فاعلی و مفعولی
that	اشخاص/غیراشخاص در حالت فاعل/مفعولی
whose	اشخاص/غیراشخاص در حالت ملکی
of which	غیراشخاص درحالت ملکی

نکته بسیار مهم:

با توجه به مطلب فوق، **that** می‌تواند به جای **which, whom, who** به کار رود.

The man that/who visited us is Jason. مردی که باما ملاقات داشت، جیسِن بود

The man that/whom we met is Jason. مردی که ملاقات کردیم، اسمش جیسِن بود

The pen that/which I bought is blue. خودکاری که خریدم آبیه

توجه در انگلیسی محاوره و غیررسمی به جای **whom** از ضمیر موصولی **who** استفاده می‌کنند.

The man **who** I saw was right here. مردی رو که دیدم، همینجا بود

۱. ضمایر موصولی فاعلی(Subjective Relative Pronoun)

ضمیر موصولی فاعلی برای انسان

جهت توصیف اسم موجود در جمله در صورتی که انسان باشد، استفاده می‌شود.

I know the man <u>who</u> expelled you. مردی که اخراجت کرد رو می شناسم

The girl <u>who</u> came to the office yesterday was very shy.

دفتری که دیروز اومد اداره، خیلی خجالتی بود.

Do you know the boys <u>who</u> are playing outside?

بچه هایی که دارن بیرون بازی می‌کنن رو میشناسی؟

نکته: همیشه اسم یا ضمیری که آغاز کننده جمله باشد، فاعلی نیست.

(در قسمت انواع **clause** مفصل بررسی خواهیم کرد.)

در مثال آخر do you know مد نظر نیست، بلکه the boys مدنظر می‌باشد.

چنین جمله ای را با کمی تغییر می‌توان به مفعولی تبدیل کرد:

Do you know the boys **<u>whom</u>** Pier is playing outside **with**?

در این جمله Pier به عنوان فاعل با the boys که نقش مفعولی دارند در حال بازی است.

نتیجه: طبق مثال‌های فوق به دلیل اینکه **who** نقش فاعلی در جمله ایفا می‌کند، جمله بلافاصله با فعل روبه رو می‌شود.

ضمیر موصولی فاعلی برای غیر انسان

جهت توصیف اسم موجود در جمله چنانچه غیر انسان باشد از ضمیر فاعلی استفاده می‌کنیم.

I read a book which was about Harry Potter. کتابی که درمورد هری پاتر بود رو خوندم

She hates the dog which parks in the park every night.

از اون سگه که شبا توی پارک پارس میکنه متنفره.

The car which broke down in the desert was mine.

ماشینی که توی کویر خراب شد، مال منه.

در مثال‌های بالا نیز به دلیل اینکه بلافاصله بعد از آن فعل استفاده شده است، ضمیر مورد نظر، اسم قبل خود را توصیف می‌کند و نقش فاعلی دارد.

نکته طلایی ۱: هرگاه پس از ضمیر موصولی فعل به کار رود، ضمیر موصولی مورد نظر فاعل است.

She is the person who **<u>wants</u>** to beat you. اونه که میخواد بزنه لِه و لَوَردت کنه

۲. ضمایر موصولی مفعولی (Objective Relative Pronouns)

ضمایر موصولی مفعولی در جملات وصفی **نقش مفعولی** دارند. پس از این ضمایر بلافاصله با اسم یا ضمیردیگری رو به رو هستیم که فاعل جمله وصفی است.

The lady whom you talk about is very old. خانمی که ازش حرف میزنی خیلی پیره

در این جمله **ضمیر whom** نقش مفعولی دارد چون بعد از آن **ضمیر** آمده است که نقش فاعل را برای جمله وصفی دربردارد.

الف) ضمایر موصولی مفعولی برای انسان (who/ whom)

در حالت مفعولی برای انسان از **who, whom** استفاده می‌شود که بیشتر از **whom** در حالت‌های رسمی استفاده می‌شود.

The lady whom you saw is my counsellor. خانمی که دیدی مشاورمه

We had an accident with the boy whom you met yesterday.

با پسری که دیروز ملاقات کردی، تصادف کردیم.

The family whom you showed me looked very happy.

خانواده ای که نشونم دادی اِنگاری بدجور کیفشون کوک بود.

ب) ضمایر موصولی مفعولی برای غیر انسان (which)

ضمیر مفعولی برای غیر انسان همان **which** است که در حالت فاعلی به کار می‌رفت، با این تفاوت که پس از ضمیر موصولی **which** در حالت مفعولی، با فعل روبه رو نخواهیم بود.

The key with **which** she opened the door is mine.

کلیدی که باهاش در رو باز کرد، مال منه.

The cheese **which** I took out of the fridge was spoiled.

پنیری که از یخچال برداشتم، فاسد شده.

تشخیص ضمیر موصولی فاعلی و مفعولی در یک نگاه

همانطور که در بالا اشاره شد اگر پس از ضمیر موصولی مورد نظر فعل قرار گیرد، ضمیر موصولی **فاعلی**، و اگر اسم یا ضمیر دیگری قرار داشت، **مفعولی** است.

The man who **called** me was crazy. مردی که صدام زد، دیوونه بود

The man who **I** called was crazy. مردی رو که صدا زدم، دیوونه بود

در دوحالت نمی‌توان از that استفاده کرد:

۱. هرگاه قبل از ضمیر موصولی مورد نظر "," دیده شود.

My teacher, whom I like her so much, made me sad.

همون معلمم که خیلی دوسش دارم، ناراحتم کرد.

۲. هنگامی که ضمیر موصولی پس از حرف اضافه قرار داشته باشد. (جهت رفع این مشکل، حرف اضافه مورد نظر میبایس به انتهای جمله منتقل شود).

The garden **in which** we walked is my uncle's. باغی که درش قدم زدیم مال داییمه

The knife **with which** I cut the meat was lost.

چاقویی که باهاش گوشت رو تکه کردم، گمشده.

The guy **to whom** you gave the money is David. کسی که پول رو بهش دادی، دیوِده

حذف ضمیر موصولی در جمله

هرگاه ضمیر موصولی، مفعول فعل قرار گیرد قابلیت حذف شدن دارد.

The shirt **which** I bought last night was expensive.
The shirt **that** I bought last night was expensive.
The shirt *** I bought last night was expensive.

پیراهنی که دیشب خریدم خیلی گرون بود.

نکته مهم: پس از ضمیر موصولی می‌توان هم فاعل به کار برد و هم فعل.

به جملات زیر دقت کنید:

The car **which/that** Maggie bought runs on electricity. ماشینی که مَگی خرید، برقیه

This is the book **which/that** is so famous. این اون کتابیه که خیلی معروفه

This is the movie **which/that** everyone is talking about. این فیلمی که همه ازش میگن

گاهی اوقات ضمیر موصولی را در حالت فاعلی نیز حذف می‌کنند که به دو صورت انجام می‌شود:

چنانچه ضمیر موصولی مورد نظر با یکی از مشتقات فعل همراه باشد ضمیر موصولی و فعلِ با هم حذف می‌شوند.

The boy **who is** crying is my friend.
The boy *** **crying** is my friend.

پسری که گریه میکنه، دوست منه.

The bridge **which was** destroyed by storm was very dangerous.
The bridge *** **destroyed** by storm was very dangerous.

پلی که با طوفان ازبین رفت خیلی خطرناک بود.

اگر ضمیر موصولی مورد نظر با فعل **to be** همراه نباشد، خود ضمیر موصولی به تنهایی حذف شده و فعل پس از آن **ing** می‌گیرد.

Any student **who wants** to answer the question should stand up.
Any student *** **wanting** to answer the question should stand up.

هرکس میخواد جواب سؤال رو بده، باید پاشه وایسه.

People **that pick** on others should be punished.
people *** **picking** on others should be punished

آدمای شروری که بقیه رو اذیت میکنن باید تنبیه شن.

نکته طلایی۲: به هیچ وجه نمی‌توانیم اسم مورد توصیف را پس از ضمیر موصولی، چه به صورت اسم یا به صورت ضمیر، دوباره تکرار کنیم.

مثال‌های زیر نادرست هستند:

This is the man whom you wanted to visit him. ایشون کسیه که میخواستی ببینی

That is the movie which we watched it last night. اون فیلمیه که دیشب تماشا کردیم

۳. ضمایر موصولی ملکی (Possessive Relative Pronouns)

whose ضمیر موصولی ملکی برای اشخاص و برای غیراشخاص **of which** می‌باشد.

نکته: از **whose** می‌توان برای غیر اشخاص نیز استفاده کرد. اما امروزه از ضمیر موصولی در حالت ملکی برای غیر انسان تنها از **of which** استفاده می‌شود.

I know someone whose sister is a teacher. یکیو میشناسم که خواهرش معلمه

The man whose car I borrowed is very kind.

مردی که ماشینشو قرض گرفتم خیلی مهربونه.

نکته۱: همانطور که ذکر شد از **of which** برای غیراشخاص در حالت ملکی به کار می‌رود که ممکن است قبل یا پس از اسم نیز به کار رود. اسم همراه با **of which** عموماً با حرف تعریف **the** همراه است. جهت مقایسه **of which** و **whose** به مثال‌های زیر دقت کنید:

The chair whose leg broke down was very cheap.

The chair of which the leg broke down was very cheap.

The chair the leg of which broke down was very cheap.

صندلی ای که پایه ش خراب شد، خیلی ارزون بود.

نکته۲: در برخی ازاستثنائات چنانچه خواستید ضمیر موصولی که پس از آن یکی از افعال **modals** قرار گرفته را حذف کنید، هرچند که عملی اختیاری است اما باید به شکلی صورت پذیرد که به معنای جمله خدشه‌ای وارد نکند مانند مثال زیر که می‌توان **can** را به صورت معادل جایگزین **be able to** کرد.

I'm the one **who can** help you. — من اونی ام که میتونه کمکت منه

I'm the one **being able to** help you.

قیود موصولی (Relative Adverbs)

قید موصولی نیز همانند ضمایر موصولی جهت ربط دادن به کار می‌روند با این تفاوت که نقش قیدی دارند.

هیچگاه فاعل یا مفعول جمله واقع نمی‌شوند بلکه خود، قبل از جمله‌ای قرار می‌گیرند که دارای فاعل و فعل باشد.

He can't remember the day **when** I arrived. — روز رسیدنم رو یادش نمیاد

A library is a place **where** we study. — کتابخانه مکانی ست که در آن مطالعه میکنیم

The reason **why** you lied is not clear. — اینکه چرا دروغ گفتی مشخص نیست

نکته مهم: به جای قید موصولی **where** می‌توان از **which** به عنوان یک ضمیر موصولی همراه با یک حرف اضافه استفاده کرد.

جملات زیر سیر ورود و خروج یک ضمیر موصولی را در یک جمله شرح می‌دهند:

This is the city **where** I was born.

This is the city **in which** I was born.

This is the city **which** I was born **in**. — این شهریه که توش به دنیا اومدم

This is the city **that** I was born **in**.

This is the city I was born **in**.

نکته بسیار مهم: هرگز **that** را نمی‌توان جایگزین قیود موصولی نمود.

۹. ضمایر پرسشی (Interrogative Pronouns)

یکی از مهمترین و اساسی‌ترین ضمایر، ضمایر پرسشی هستند که مطابق با نامشان جهت سؤالی کردن به کار برده می‌شوند و عبارتند از:

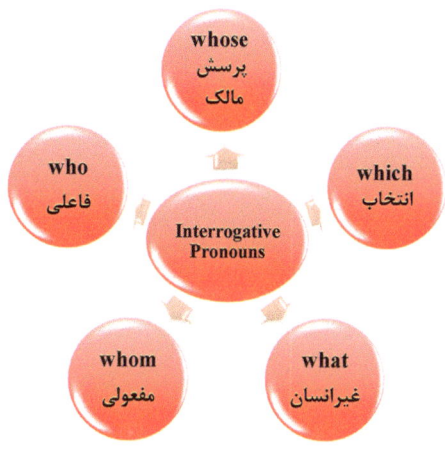

who برای پرسش فاعلی و whom پرسش درحالت مفعولی به کار می‌رود.

از whom برای پرسش مفعولی تنها در مورد انسان به کار می‌رود.

به مثال‌های زیر دقت کنید:

Who broke that window?	کی اون پنجره رو شکست؟
Who told you to do that?	کی بهت گفت اونکارو بکنی؟
Who made him say that?	کی مجبورش کرد اینو بگه؟
Whom did you beat?	کیو گرفتی زدی؟
Whom is she going to introduce?	قراره کیو معرفی کنه؟
To whom did you call?	به کی زنگ زدی؟

نکته ۱: درزبان محاوره به جای **whom** از **who** نیز برای مفعول استفاده می‌شود.

Who will you invite?	کیو دعوت میکنی؟

نکته ۲: تنها در یک حالت است که نمی‌توان **who** را جایگزین **whom** کرد. آن هم زمانی است که بعد از حرف اضافه آمده باشد.

◈ **Correct:** To whom did you talk?   **Correct:** Whom/Who did you talk to?

◈   **Incorrect:** To who did you talk?

what برای پرسش فاعل و مفعول در مورد انسان/ غیر انسان به کار می‌رود.

What starts at 6 every other day? چی روزدر میون ساعت شش شروع میشه؟

What bus driver do you mean? کدوم راننده اتوبوس رو میگی؟

which ضمیری است که تنها جهت انتخاب یک چیز یا شخص از میان چندین چیز یا چندین شخص بکار می‌رود.

Which of the girls will come to the meeting, Sarah, Mina, or Leila?

کدوم یکی از دخترا به جلسه خواهد اومد، سارا، مینا یا لیلا؟

Which movie do you like more, the Walking Dead or the Lord of the Rings?

از کدوم فیلم بیشتر خوشت میاد، مردگان متحرک یا ارباب حلقه ها؟

تفاوت what و which

what جنبه اطلاعاتی و **which** انتخابی دارد. به مثال‌های زیر دقت کنید:

What is your name? اسمت چیه؟

Which is your name, Jerry or Leonardo? اسمت چیه جِری یا لئوناردو؟ (انتخاب کن)

What page is it? صفحه چنده؟

Which page is it 29, 28 or 27? صفحه چنده ۲۹، ۲۸ یا ۲۷ ؟ (انتخاب کن)

نکته مهم۱: اگر **what** یا **which** با اسم همراه باشند، صفت استفهامی هستند. مانند ضمایر اشاره که اگر با اسم همراه شوند، صفت اشاره هستند.

Which house do you like best, the large or small?

کدوم خونه رو بهتر میپسندی، بزرگه یا کوچیکه؟

What animal is that? این چجور حیوونیه باز؟

This pen looks nice. این خودکاره به نظر خوب میاد

نکته مهم۲: کلمات **what, which, who, whose** چنانچه فاعل قرار گیرند، می‌توانند بدون استفاده از فعل کمکی خود به تنهایی جمله را سؤالی کنند.

What begins at 2 o'clock? ساعت دو چی شروع میشه؟

چنانچه کلمات مذکور فاعل جمله نباشند جمله باید قبلاً سؤالی شده باشد.

What did he say? چی گفت؟

What do you like best? بیشتر از همه چی دوس داری؟

جملات زیر را مقایسه کنید:

Who is she? She is Mary. اون کیه؟ مِری

What is she? She's a nurse. چیکاره س؟ پرستاره

Which is she, the tall one or short? کدوم یکیه، قد بلنده یا اون موتاهه؟

ضمیر **whose** برای پرسش مالکِ چیزی به کار می‌رود.

Whose picture is it?	این عکس مال کیه؟
Whose car is that outside?	اون ماشین کیه بیرون؟

تذکر: در حالت پرسش از فاعل، جای فعل و فاعل عوض نشده و از فعل کمکی نیز استفاده نمی‌شود.

Who killed her?	کی کشتش؟
What made her go there?	چی باعث شد بره اونجا؟

به کلمات و عبارات پرسشی زیر توجه کنید:

How much .... چقدر .... مقدار و کیفیت

How many................... چند .... برای تعداد

How well..................... چقدر .... برای کیفیت

How often .... چند وقت یکبار .... برای دفعات و تکرار

How far....................... چقدر .... برای مسافت

How soon .... چقدر.................. برای سرعت در زمان

How long..................... چقدر .... برای طول زمان و اشیا

How tall....................... چقدر.......... برای قد و قامت انسان و ساختمان ها

How high..................... چقدر .... برای ارتفاع و بلندی قد حیوانات و کوه ها

Part D

با توجه به جواب‌ها، عبارات مناسب به کار ببرید.

1. ………. kind of girl is she? Naughty.
2. ……..…. is the gas station from here? It's 5 minutes by walk.
3. …………. is Fred? 4 feet.
4. ………….. do you weigh? About 78 kilos.
5. ………….. is that mountain? Over 600 feet.
6. With ……….. did your brother go to school? With George.
7. ……………. will she get back? Probably tomorrow.
8. ……………… time is it now? It's 9:30.
9. ………….. car is it? Mrs. Wales.
10. ……………... flour did you buy? 2 kilos.
11. ……………… does Janet know English? A little.

Part E

گزینه مناسب را انتخاب کنید.

1. She shouted at me……. .
   a) herself   b) hers   c) her   d) she
2. Mrs. Smith likes to have all her family near……. .
   a) she   b) hers   c) herself   d) her
3. We ……. want to go on a trip.
   a) ourselves   b) us   c) ourself   d) ours
4. Does he have any money with …….?
   a) hiself   b) his   c) him   d) himself
5. The film ……wasn't so good, but I enjoyed the music.
   a) it   b) itself   c) itselves   d) its
6. We have two Robinsons here, …….. do you want?
   a) what   b) who   c) which   d) whose
7. The table …….. the leg is loose cost an arm and a leg.
   a) whose   b) of which   c) that its   d) which
8. How many pineapples did you buy? ………. .
   a) None   b) Nothing   c) No body   d) Not at all
9. Last night was one of the hottest nights ……. I have ever known.
   a) which   b) of which   c) when   d) that
10. A lady …….. on the phone fell down.
   a) was talking   b) which was talking   c) talking   d) b & c
11. The bridge ………. by successive storms was not safe any longer.
   a) which weakened   b) was weakened   c) weakened   d) who weakened

Chapter 2: Pronoun

12. The road …….. the accident occurred was narrow.
 a) where   b) in that   c) on which   d) a & c
13. The little boy hurt ……. when he slipped.
 a) himself   b) him   c) his   d) he
14. Angela didn't mention ……. the price of the shirt was.
 a) which   b) what   c) that   d) where
15. The next plane leaves in an hour, ………. is a bit late.
 a) that   b) which   c) why   d) in which

Turn the sentences below into English, please.

۱. امیدوارم خودت بتونی مشکلت رو حل کنی.

۲. ماهیتابه داغه. مواظب باش خودتو نسوزونی!

۳. چرا تلفنو قطع کردی؟

۴. میگن دخانیات عامل سرطانه. حالا کو گوش شنوا؟!

۵. سوزن یک کادو واسه خودش خرید.

۶. پول خورد همراه خودت داری؟

۷. اون فوتبال دستی که دیروز خریدم کجاست؟ این بار می خوام خودم بازی کنم.

۸. بعضی از کسایی که دعوت کرده بودم نیومدن.

۹. سارینا سه تا برادر داره که همشون ازدواج کردن.

۱۰. دو نفر که هیچکدومشون رو نمیشناختم بهم سلام کردن.

۱۱. معلم سؤالایی پرسید که بیشترشون رو نتونستم جواب بدم.

۱۲. معمار کسیه که ساختمون طراحی می کنه.

۱۳. عینکی که رو میزه مال منه.

۱۴. من از خودم خجالت نمی کشم. آخه چیزی ندارم که بابتش خودمو سرزنش کنم.

E E E

E E

E

e e e

e e

e

Chapter 3: Adjective

کلمه ای است که اسم یا ضمیر را توصیف می‌کند.

صفت در جمله دو جایگاه دارد:

الف) قبل از اسم یا ضمیر:

a young boy پسری جوان a nice car یه ماشین خوب

There are two houses. They are big. دوتا خونه س. بزرگم هستن

صفت معمولاً قبل از موصوف به دو شکل «مستقیم» و «خبری» بکار می رود:

He has a yellow car. یه ماشین زرد رنگ داره مستقیم

The car is yellow. ماشینه زرده خبری

نکته مهم: صفت تنها اسم یا ضمیر را توصیف می‌کند، اما قید که در ادامه با آن آشنا خواهیم شد می‌تواند فعل قید دیگر یا صفت را توصیف کند.

Jack is a kind man. جک **مردِ** مهربونیه

Jack behaved kindly. جک با مهربونی رفتار کرد

Jack behaved very kindly. جک با مهربونیِ بسیار رفتار کرد

ب) پس از افعال ربطی به جای قید از صفت استفاده می‌کنیم.

look appear seem sound	به نظر رسیدن	be	بودن
		make	ساختن
		taste	مزه داشتن
		smell	بو داشتن
become get grow go fall	شدن	feel	احساس کردن
		stay	ماندن
		remain	باقی ماندن
		find	یافتن
		turn	چرخیدن

The girl looked angry. دختره عصبانی به نظر میومد Stay put. از جات تکون نخور

That dessert tastes awesome. مزه دِسِره حرررف نداره

I fell asleep. به خواب رفتم The wheel turned fast. چرخ با سرعت چرخید

The machine made a terrible sound. دستگاه صدای داغونی کرد

همچنین پس از افعال **sit, lie**, **stand** از صفت استفاده می‌شود.

Please, set/stand **still**.	لطفا صاف وایسا
Sit **still** and don't slouch.	صاف بشین و قوز نکن
The dog was lying **dead** on the floor.	سگه بی‌جون افتاده بود کف زمین

برخی از افعال فوق به دو شکل ارادی و غیرارادی هستند.

نکته ۱: چنانچه پس از افعال دو وجهی مفعول قرار گیرد، قید به کار رفته و در غیر این صورت صفت به کار می‌رود.

The soup tastes great.	طعمِ سوپه عالیه
She tasted the soup carefully.	با دقت سوپ رو مزه کرد
The lady looked angry.	خانومه عصبانی به نظر می‌رسید
The lady looked at me angrily.	خانومه با عصبانیت بهم نگاه کرد

در جملات فوق **look, taste** افعال ربطی‌اند و پس از آن‌ها صفت **great, angry** به کار رفته است. اما در دو جمله دیگر، نگاه کردن و مزه کردن مد نظر می‌باشد، بنابراین پس ازآن قید حالت **carefully, angrily** به کار رفته است.

نکته۲: برخی از صفات پس از فعل ربطی به تنهایی به کار می‌روند و عموماً استفاده از اسم پس از آن‌ها مجاز نیست.

الف) قید <u>**well**</u> پس از فعل **to be** استثنائا جهت وضعیت جسمانی به کار می‌رود.

به دو جمله زیر دقت کنید:

I'm well.	حالم خوبه	I'm good.	آدمِ خوبی ام

ب) برخی صفات که با حرف **a** شروع می‌شوند، هیچگاه قبل از اسم به کار نمی‌روند بلکه پس از فعل و عموماً در آخر جمله قرار می‌گیرند.

alone, alive, awake, ashamed, asleep, alike, ahead, afraid

Do you feel afraid?	میترسی؟
My sister and I are alike.	من و خواهرم شکل همیم

ج) به علاوه برخی صفات که مربوط به سلامتی می‌شوند مانند موارد زیر نیز قبل از اسم به کار نمی‌روند. ill, poorly, well, unwell, fine

Her ill mother died last year. **(incorrect)**

Her **sick** mother died last year مادرِ مریضش پارسال فوت کرد

جمله اول نادرست است زیرا **"ill"** قبل از اسم به کار رفته و باید از مترادف آن یعنی **sick** استفاده شود لذا جمله دوم صحیح است.

نکته طلایی: به طور کلی هرگاه پس از فعل **to be** صفت قرار گیرد احتیاج به اسم نبوده و به تنهایی به کار می‌رود.

Be cautious. هوشیار باش I'm hungry. گرسنمه Are you cold? سرما خوردی؟

نکته۳: با افزودن the به صفت، عموماً اشاره به قشر یا طبقه افراد همان جامعه می‌شود.**(articles)**

the poor, the blind, the disabled, the rich, the dead, the young, etc…

و گاهی می‌توان قبل این صفات از قید استفاده کرد.

the mentally ill بیماران ذهنی the very poor افراد بسیار فقیر

توجه۱: چنانچه پس از صفاتی که با **the** همراه است، اسم به کار رود مانند: **rich** مقصود گروه خاصی از ثروتمندان است.

به جمله زیر دقت کنید:

The rich should help the poor. بهتره پولدارا به فقیرا کمک کنن

I wish you would talk to the rich **people** of this neighborhood.

کاش با پولدارای محله یه صحبتی بکنی.

توجه ۲: صفات مربوط به ملیت مانند **American** را می‌توان با افزودن **the** به قبل و **s** به انتها، آن را به اسم جمع تبدیل کرد.

لازم به ذکر است صفاتی که به **ch, sh,se,ss** ختم می‌شوند نیازی به **s** جمع ندارند.

Italian	the Italians
French	the French
Spanish	the Spanish
Japanese	the Japanese
Swiss	the Swiss

نحوه ساخت قید از صفت

برخی از صفات نیز به **ly** ختم می‌شوند:

easy	heavy	careful	sudden	bad	quick
easily	heavily	carefully	suddenly	badly	quickly

نکته مهم: کلیه کلماتی که به **ly** ختم می‌شوند قید نیستند، بلکه اسم بوده و شکل قیدی آنها به صورت یک عبارت بیان می‌شود.

به کلمات و عبارات زیر دقت کنید.

صفت   اسم

دوستانه friendly   دوست friend
دوست داشتنی lovely   علاقه، محبت love
هفتگی weekly   هفته week
مردونه manly   مرد man
روزانه daily   روز day

✓ **deadly** به معنای کشنده، صفت می‌باشد.

حیوان مُرده a dead animal.   زهر کشنده a deadly poison.

✓ گاهی **dead** به عنوان قید بکار می‌رود که معمولا قبل از صفت به معنای "کاملا" می‌باشد.

صددرصد درست dead right   خسته و کوفته dead tired

چنین صفاتی شکل قیدی ندارند و به جای قید از عبارت "in a .... way/manner" استفاده می‌شود.

جیمز مرد خوش مشربیه   James is a friendly man.
جیمز دوستانه برخورد کرد   James behaved in a friendly manner.

در برخی از عبارات، صفت بعد از اسم یا قید مبهم می‌آید.

به ارتفاع یک و نیم متر   five feet <u>tall</u>
دو ساله   two years <u>old</u>
عمق ده متری   ten meters <u>deep</u>
هر چیز غیر عادی   anything <u>unusual</u>
یک آدم حسابی   someone <u>nice</u>

صفات فاعلی و مفعولی

صفت فاعلی: صفاتی که بیانگر **اثرگذاری** هستند، با افزودن **ing** به یک فعل ساده، تشکیل می‌شوند.

excite هیجانی کردن exciting هیجان انگیز

The trip was **exciting**. سفر هیجان انگیزی بود

confuse گیج کردن confusing گیج کننده

That puzzle was **confusing**. معمای گیج کننده ای بود

صفت مفعولی: صفاتی که بیانگر **اثرپذیری** می‌باشند و با افزودن **ed** به یک فعل ساده ساخته می‌شوند.

excite برانگیفتن excited برانگیفته شده

The trip made me **excited**. سفره منو هیجان زده کرد

confuse گیج کردن confused گیج شده

That puzzle made me **confused**. معماعه گیجم کرد

در جمله زیر صفت فاعلی و مفعولی را می‌توان نشان داد.

The movie was so **fascinating** and made me **fascinated**.

فیلم هیجان انگیزی بود و منو هیجان زده کرد.

لیست برخی از صفات فاعلی و مفعولی پرکاربرد

فاعلی		مفعولی	
amusing	سرگرم کننده	amused	سرگرم
annoying	ناراحت کننده	annoyed	ناراحت
astonishing	شگفت انگیز	astonished	شگفت زده
boring	کسل کننده	bored	کسل
captivating	اغوا کننده	captivated	دلباخته
challenging	چالش انگیز	challenged	به چالش کشیده شده
charming	دلبر، افسونگر	charmed	افسون شده
comforting	آرام بخش	comforted	آرام
confusing	گیج کننده	confused	گیج
convincing	قانع کننده	convinced	قانع
depressing	غم انگیز	depressed	غمگین
disappointing	ناامید کننده	disappointed	ناامید
disgusting	بیزار کننده	disgusted	بیزار
disturbing	پریشون کننده	disturbed	پریشون
embarrassing	خجالت آور	embarrassed	خجالت زده
encouraging	ترغیب کننده	encouraged	ترغیب شده
entertaining	سرگرم کننده	entertained	سرگرم
exciting	هیجان انگیز	excited	هیجان زده
exhausting	خسته کننده	exhausted	خسته
fascinating	مجذوب کننده	fascinated	مجذوب
frightening	ترسناک	frightened	ترسیده
inspiring	تاثیر گذار	inspired	متاثر
interesting	جالب	interested	علاقمند
satisfying	راضی کننده	satisfied	راضی
shocking	شوکه کننده	shocked	شوکه
surprising	غافلگیر کننده	surprised	غافلگیر
tempting	وسوسه کننده	tempted	وسوسه شده
terrifying	وحشتناک	terrified	وحشت زده
threatening	تهدید کننده	threatened	تهدید شده
worrying	نگران کننده	worried	نگران

Chapter 3: Adjective   M.H.Zahedi

Part A

کلمات داخل کادر، یا صفت هستند یا اسم. با استفاده از آنها جملات زیر را کامل کنید.

(برای هر جمله یک صفت و یک اسم)

> new   house   air   dangerous   foreign   water   sharp
> languages   job   hot   knife   fresh   dark   long   vacation   clouds

1. Could you open the window? I need some ………….. .
2. I need a…………. to cut vegetables.
3. She lives in a…………
4. Does she speak any……………?
5. Liz works very hard and she's knackered. She needs a……..…
6. Look at those …………..….! It looks as if is going to rain.
7. A firefighter has a……………….. .
8. You need…………….. to make tea.

Part B

صفت فاعلی یا مفعولی مناسب انتخاب کنید.

1. He's always angry. It's **not surprising / surprised** that he shouts a lot.

2. Do you have any **interesting/ interested** movies?

3. Richard is very good at telling jokes. He can be very **amusing/amused**.

4. That was a really **frightening / frightened** event. Afterwards, everyone was very **shocking / shocked**.

5. If a person is **boring / bored**, it means that they make other people **boring / bored**.

6. I feel **depressing / depressed** because of this **depressed / depressing** sunset.

7. The news was **annoying / annoyed** and made me **annoyed / annoying**.

8. Your speaking skill is **astonishing / astonished** and makes people around **astonished / astonishing**.

F F F

F F

F

f f f

f f

f

مقایسه صفات

جهت مقایسه صفات باید سه درجه مطلق، تفضیلی و عالی را در نظرگرفت.

یک درجه مطلق یا تساوی (absolute)

هرگاه دو نفر یا دو چیز یا گروه در یک کیفیت یا صفت برابری کنند، مقایسه صفت از نوع مطلق بوده که دراین حالت، صفت مورد نظر بین **as .... as** قرار می‌گیرد.

به مثال‌های زیر توجه کنید.

I'm 16 years old. My friend is 16 years old. شونزده سالمه. دوستم شونزده سالشه

I'm **as old as** my friend. من و دوستم هم سنیم

These shoes are 42. Those shoes over there are 42.

این کفشا سایز ۴۲ هستش. کفشای اون گوشه سایز۴۲ هستش.

These shoes are **as large as** those over there.

این کفشا با اونای اون گوشه سایزش یکیه.

Mina is short. Nina is short. مینا قدش کوتاس. نینا قدش کوتاس

Mina is **as short as** Nina. مینا به اندازه نینا قد کوتاس

The red car **is** expensive. The green car **is not** expensive.

ماشین قرمزه گرونه. ماشین سبزه گرون نیست.

The green car is **not as** expensive **as** the red one.

ماشین سبزه به گرونیِ ماشین قرمزه نیست.

توجه: درحالت منفی نیز می‌توان از چنین ساختاری استفاده کرد. در حالی که در انگلیسی قدیم از **so........as** استفاده می‌کردند.

The green car is **not so** expensive **as** the red one.

نکته ۱: چنانچه بخواهیم بین **as....as** اسم بیاوریم ، قبل از اسم مورد نظر به کار بردن **much**/ **many** مناسب، نسبت به قابل شمارش و غیرقابل شمارش بودن اسم، ضروری است.

She doesn't have **as much money as** she said. اونقدری ام که میگفت پول نداره

We don't have **as many cars** as you. ما به تعداد ماشینای شما ماشین نداریم

نکته ۲: چنانچه اسم موجود بین **as........as** مفرد باشد، حرف تعریف به اسم اطلاق می‌شود.

She is as nice **a girl** as Linda. یه دختری به خوبیِ لنداس

Jack is as sturdy **a boy** as Peter. جک به تنومندیِ پیتره

شایان ذکر است که از ضمایر مبهم **(much, many)** به تنهایی بین **as....as** نیز می‌توان استفاده کرد.

She ate as **much** as she could. تا تونست خورد

There were as **many** as 150 people in the concert.

حول حوش صد و پنجاه نفری توی کنسرت بودن.

as much as شکل قیدی نیز دارد.

You should save money **as much as** possible. تا حد الامکان باید پول پس انداز کنی

نکته۳: همچنین می‌توان قبل از **as....as** از کلمات زیر استفاده کرد.

once, twice, three times and…, half, a quarter
Our house is about **four times** as large as theirs.

خونه ما یه چیزی حدود چهاربرابر خونه اوناست.

You are not **half** as clever as you think. نصف اونی ام که ادعات میشه نمیفهمی

نکته۴: ساختار **the same as + noun** جهت مقایسه دو چیز مشابه بکار می‌رود.

My book **is the same as** yours. کتابم شبیه یکی شماس

That shirt **was the same as** the other one. پیراهنه شبیه اون یکی بود

She **is the same as Richard.** اون هم سن ریچارده

His hair **isn't the same color as** yours. موهاش همرنگ موهای شما نیست

You two **are the same age as** Fred. شما دوتا همسنِ فرد هستین

جهت نشان دادن چیزی به مقدار کافی، از **enough** استفاده می‌شود.

چنانچه **enough** با اسم به کار رود قبل آن، و اگر با صفت یا قید باشد، بعد از آن به کار می‌رود.

به مثال‌های زیر دقت کنید:

I have enough **money**. من پول کافی دارم

This house is **large** enough. این خونه به اندازه کافی بزرگه

He's **handsome** enough to act as a suitor. اونقدری خوشتیپ هست که بره خواستگاری

She doesn't have enough **information**. اطلاعات کافی نداره

Larry ate her meal **quickly** enough to be choked.

لَری اونقدری غذاشو تند خورد که خفه بشه.

Max **did** enough. Now he's going to have a rest.

مکس به قدر کافی کار کرد. حالا میخواد یه استراحتی بکنه.

قیاسی: (**comparative**) صفتی که برتری شخص یا چیزی را بر هم نوع خود بیان می‌کند.

" در فارسی پسوند تر"

در این حالت چنانچه صفت مورد نظر یک بخشی یا دو بخشی منتهی به **y, le, ow, er** باشد، **y** حذف و به صفت **er** اضافه می‌کنیم و پس از آن **than** (**از**) به کار می‌رود.

برخی صفات یک بخشی مانند: young, nice, old, fine, great, etc

She is younger than her sister. — از خواهرش جَوون تره

This car is nicer than yours. — این ماشین از یکی شما بهتره

Your father is older than mine. — باباتون از بابای من مسن تره

The weather looks finer than yesterday. — هوا نسبت به دیروز بهتره

برخی صفات منتهی به **er, ow, le, y**

happy	خوشحال	happier	خوشحال تر
humble	متواضع	humbler	متواضع تر
clever	باهوش	cleverer	باهوش تر
narrow	باریک	narrower	باریک تر

Kim is humbler than Nicole. — کِم از نیکُل افتاده تره

Michael is cleverer than his brother. — مایکل از برادرش باهوش تره

This road is narrower than that one. — این جاده ازون یکی باریک تره

تبصره ۱: اگر صفتی به **y** ختم شود و قبل از **y** حرف بی‌صدا باشد، در موقع اضافه کردن **er** به صفت مورد نظر، **y** حذف شده و به **ier** تبدیل می‌شود، در غیراین صورت **y** تغییری نخواهد کرد.

early earl**ier** gray gra**yer**

تبصره ۲: اگر صفت به **e** ختم شود، در حالت قیاسی تنها **r** به آن اضافه می‌شود.

large larger cute cuter fine finer

برخی صفات وجود دارند که نمی‌توان درحالت قیاسی به آنها **er** اضافه کرد و می‌بایست از **more** استفاده کرد:

۱. صفات دو بخشی که فشار روی سیلاب اول باشد، مانند:

ancient باستانی more ancient باستانی تر

My Grandpa's house is **more ancient than** yours.

خونه پدربزرگ من قدیمی تر از پدربزرگ شماس.

۲. صفات دو هجایی که به پسوند های دیگری مانند **ile, ful, al, ess, ing, ed, able, ous, ive, ic** ختم می‌شوند.

careful	مواظب	boring	خسته کننده
helpless	بیچاره	learned	دانشمند
frugal	صرفه جو	comic	مضحک
famous	مشهور	fertile	حاصلخیز
furtive	پنهانی	usable	قابل استفاده

۳. صفاتی که از دو هجا بیشتر باشند.

fantastic/ more fantastic

beautiful / more beautiful

magnificent/ more magnificent

fabulous/ more fabulous

برخی نکات مهم در مورد درجه قیاسی

۱. در دو حالت صفات قیاسی با **the** همراه می‌شوند:

الف) وقتی دو صفت با درجه قیاسی برای نشان دادن افزایش یا کاهش متناسب به کار روند. به مثال‌های زیر دقت کنید:

The sooner, the better. هرچی زودتر، بهتر

The more you study, the more you learn. هرچی بیشتر درس بخونی، چیز بیشتری هم یاد می‌گیری

The more she works, the less she sleeps. هرچه بیشتر کار کنه، کمتر میخوابه

The more you drink water, the more your kidneys will work.

هرچی بیشتر آب بخوری، کلیه هات بیشتر فعالیت میکنه.

ب) هنگامی که از میان یک گروه دو نفری، اسم برتر انتخاب کنیم، که در این مورد حرف اضافه **of** نیز مورد استفاده قرار می‌گیرد.

This bag is the better **of** the two. از بین این دوتا، این کیف بهترینه

۲. در صورتی که افزایش تدریجی مورد نظر است حرف ربط **and** بین دو درجه تفضیلی به کار می‌رود.

The weather is getting colder **and** colder. هوا داره سرد تر و سرد تر میشه

She became more **and** more interested in the discussion.

هی بیشتر و بیشتر نسبت به موضوع موردِ بحث علاقه مند شد.

۳. صفات دارای پیشوند منفی‌ساز (**un-, dis-**) به شیوه ای به حالت قیاسی تبدیل می‌شوند که درحالت ساده، یعنی بدون پیشوند بودند.

unhappy	unhappier
unkind	more unkind
dishonest	more dishonest
irresponsible	more irresponsible

قبل از درجه قیاسی به جای **very** کلمات **much, far, a lot** (خیلی) استفاده می‌شود.

He is very tall. He is much taller than his brother. خیلی قدش بلنده. خیلی بلند تر از داداشش

نکته مهم: در صفات یک بخشی که حرف آخر بی‌صدا وحرف ماقبل آخرشان صدادار باشد، هنگام افزودن **er** حرف آخر تکرار می‌شود. مانند:

fat fatter big bigger hot hotter

اما اگر صفت یک بخشی به **w** ختم شود، **w** تکرار نمی‌شود.

new newer

برخی صفات مثل: left, dead, unique, round, perfect, open, wrong و همچنین صفاتی که به تنهایی پس از افعال ربطی می‌آیند، **فرم تفضیلی ندارند.**

مانند:

asleep, alone, alive, ahead

با این حال در برخی شرایط خاص به زبان استعاری چنین صفاتی را به صورت تفضیلی به کار می‌برند.

He is deader than a doornail. مُرده‌ی محضه

You couldn't be more wrong. سخت در اشتباهی

The rounder the better. هرچی گردتر بهتر

She is more dead than alive. بیشتر مثل مُرده هاس تا زنده

English for Eager Beavers

نکته بسیار مهم

ضمیر اشخاص، بعد از **than** می‌تواند به شکل فاعلی و مفعولی به کار رود.

He is older than I/ me.
I run faster than her/ she.

استثناء

به دو جمله زیر دقت کنید:

Jack loves Peter more than **I**.
Jack loves Peter more than **me**.

در جملات فوق چنانچه ضمیر فاعلی **I** و **me** جابجا استفاده شوند معنا و مفهوم جمله به کل تغییر خواهد کرد.

در **جمله اول** جک و من (به عنوان فاعل) هردو پیتر را (مفعول) دوست داریم، اما جک پیتر را بیشتر دوست دارد.

اما در **جمله دوم**، جک (فاعل) من و پیتر را (مفعول) دوست دارد، با این تفاوت که پیتر را بیشتر از من دوست دارد.

توجه

برخی صفات تفضیلی هستند که از زبان دیگر وارد انگلیسی شده‌اند. این صفات به جای **than** با **to** همراه می‌شوند.

superior	برتر	senior	ارشد
junior	جوان تر	interior	داخلی-درونی
prior	جلوتر	exterior	بیرونی

My brother is junior to me.   داداشم از من جَوون تره
Prior to the war, we lived in London.   قبل جنگ، ما لندن بودیم

درجه عالی یا برتر (superlative)

درجه عالی، که صفت **شاخص** نامیده می‌شود، هرگاه از بین چندین چیز یا شخص یا گروهی از اشخاص یا چیزها موردی مد نظر باشد، از صفت برتر استفاده می‌شود.

به عبارتی دیگر، هرگاه عاملی که صفت یا کیفیتی <u>بیشتر</u> یا <u>کمتر</u> از سایرین دارا باشد، مقایسه صفت از درجه عالی بوده که به آن صفت شاخص نیز می‌گویند.

کلیه صفاتی که درحالت قیاسی بررسی شدند، در درجه عالی به شرح زیر می‌باشد:
صفات قیاسی که به **er** ختم می‌شوند، مثل **greater** در این حالت به **the greatest** تبدیل می‌شوند و کلیه صفاتی که به **more** ختم می‌شوند مانند **more interesting** در این حالت به **the most interesting** تبدیل می‌شوند.

large	larger	the largest
beautiful	more beautiful	the most beautiful

Rebecca is the nicest student in this class. ربکا بهترین دانش آموز این کلاسه

I'm the thinnest boy in our neighborhood. من لاغر ترین پسرِ محله مونم

This is the most difficult problem. این سفت ترین مشکله

He is the most serious person. اون جدی ترینه

Winter is the coldest season of the year. زمستون سرد ترین فصل ساله

نکته ۱: کلیه تغییراتی که در حالت قیاسی اعمال شد در حالت برتر نیز به قوت خود باقی است.

الف) تکرار شدن حرف آخر the hottest

ب) به کار بردن **st** در صفاتی که به **e** ختم می‌شوند the simple**st**

Sarah is beautiful but not the most beautiful. سارا خوشگله، ولی خوشگلترین که نه دیگه

Which bag did you buy, the green, yellow or blue one?

کدوم کیف رو خریدی، سبز، زرد یا آبیه؟

The blue one, and it was the most expensive. آبیه، که از همه م گرون تر بود

آن دسته از صفاتی که با **more** به حالت قیاسی تبدیل می‌شوند، جهت بیان کمتر یا پَستی نسبت به دیگری با **less** بکار می‌روند.

She is **less** knowledgeable than her sister.

نسبت به خواهرش از ضریب هوشی کمتری برخورداره.

Robert is **less** considerate than his spouse. رابرت نسبت به همسرش کمتر ملاحظه میکنه

This exercise is **less** difficult than that one. سفتیِ این تمرین ازون یکی کمتره

نکته ۲: جایگاه **at least** (متضاد **at most**) قبل از صفات یا اسامی در حالت شاخص می‌باشد.

Arthur made the **least** mistakes. آرتِر کمترین اشتباهات رو داشت

This carpet is the **least** expensive. این فرش مناسب ترین قیمت رو داره (نه اینکه ارزونه)

I have the **least** information. من کمترین اطلاعات رو دارم

پسوند **less** هنگامی که به صفت متصل می‌شود، به معنای "بدون" می‌باشد.

fearless　careless　endless　worthless　priceless

همچنین صفات عالی در جمله نشانه‌هایی دارند:

۱. قبل از حرف اضافه **of** و **in**

I'm the cleverest **of** them all. من از همه شون باهوش ترم

This is the prettiest flower **in** the garden. این زیباترین گلِ این باغه

Where is the nearest restaurant **in** this region? تو این حوالی نزدیک ترین رستوران کجاست؟

۲. **one of** قبل از صفات عالی

Her sister is **one of** the best instructors in the world.

خواهرش یکی از بهترین معلمای دنیاس.

برخی صفات دو شکل تفضیلی و عالی دارند:

common	commoner/ more common	the commonest / the most common
Polite	politer/ more polite	the politest/ the most polite
quiet	quieter/ more quiet	the quietest / the most quiet
kind	kinder /more kind	the kindest / the most kind

لیست برخی از صفات بی قاعده

good (well)	خوب	better	بهتر	the best	بهترین
bad, ill, evil	بد	worse	بدتر	the worst	بدترین
much, many	زیاد	more	بیشتر	the most	بیشترین
fore	جلو	former	جلوتر	the foremost	جلوترین
little	کم	less	کمتر	the least	کمترین
late	دیر	later latter	دیرتر دومی	the latest the last	دیرترین(تازه ترین) آخری
near	نزدیک	nearer	نزدیکتر	the nearest next	نزدیکترین بعدی
far	دور زیاد	farther further	دورتر بیشتر	the farthest the furthest	دورترین بیشترین
old	پیر کهنه	older elder	پیرتر مسن تر	the oldest the eldest	پیرترین مسن ترین

Chapter 3: Adjective

Part C

به کلمات داخل پرانتز **ed** یا **ing** اضافه کرده و جملات زیر را کامل کنید.

1) The concert wasn't as good as we expected. **(-exhaust)**
a) the music was................ .
b) we were all............. .
2. Emily usually plays with her nephews. **(excit-)**
a) she enjoys playing with them and she is............... about it.
b) she says that it is................ to play with them.
3. I like testing various cuisines **(fascinat-)**
a) I'm................ about it.
b) testing various cuisines is................ .

Part D

کلمه صحیح را انتخاب کنید.

1. Are you **interested / interesting** in baseball?
2. It is sometimes **embarrassed/ embarrassing** when you have to ask someone for money.
3. The soccer game was really **exciting/ excited** and made me **exciting/ excited**.
4. The instructor's explanation was **astonishing/ astonished**.
5. It was very **terrifying/ terrified** experience. Everybody was very **shocking/ shocked**.

Part E

با استفاده از صفات تفضیلی یا عالی جملات زیر را کامل کنید.

1. We are going to.................... hotel in the city. (expensive)
2. What is................. sport in your country. (popular)
3. Canada is very large, but the United States is............... . (large)
4. Yesterday was .... day of my life. (bad)
5. Brian's house is................. to school than mine. (far)
6. She feels................ than last night. (good)
7. Which city is..................., California or Texas? (big)

Part F

گزینه مورد نظر را انتخاب کنید.

1. My brother is…………….. in the family.
   a) younger   b) the younger   c) youngest   d) the youngest
2. Her sister is………. she looks.
   a) younger than   b) more young than
   c) young than   d) more younger than
3. His work is. ………. yours.
   a) as better as   b) as good as   c) as well as   d) as so good as
4. This solution seems……….. than the other one.
   a) much successful   b) more successfully
   c) successfullier   d) much more successful
5. The kids were playing……….. they could.
   a) as nice as   b) as well as   c) as better as   d) none of them
6. Sherry is …….. student.
   a) most intelligent   b) very intelligent
   c) more intelligent   d) a most intelligent
7. You……….! Are you alright?
   a) behave terrible b) sound terriblier c) appear terrible d) seem terribly
8. In larger cities, small cars seem…….. than big ones.
   a) more much useful   b) much useful
   c) very more useful   d) much more useful
9. Paul drives……….. than his spouse.
   a) more badly   b) less worse   c) worse   d) buddlier
10. Rodriguez is …………..Hector.
    a) as a sturdy boy as   b) as sturdy a boy as   c) sturdier to   d) b & c
11. Betty studies…….. than her brother.
    a) more careful   b) most careful   c) carefullier   d) more carefully
12. The bathroom is usually…………. in home.
    a) smaller   b) smallest   c) the smallest   d) the least
13. I never had a doubt that you would solve the problem…….. than he.
    a) more easily   b) easilier   c) easier   d) very easier
14. You have to do your homework………. than this.
    a) morely   b) more   c) much more   d) b & c
15. Her house is………..than mine, and I need………. information about her.
    a) further/ further   b) further/ farther
    c) farther/ further   d) farther/ farther

Turn the sentences into English, please.

۱. خب ناراحت نشو دیگه. اون منو عصبانی کرد.

۲. اخبار امیدوار کننده به نظر می‌رسه.

۳. کاراگاه، سارقین رو مرده یافت.

۴. دوستم به سختی کار کرد و موفق شد.

۵. قبل از جنگ ما تهران زندگی می کردیم.

۶. سم کشنده عقرب و مار باعث مرگش شد.

۷. افراد کوته فکر نمیتونن مملکت رو پیش ببرن.

۸. پسر خالم از نظر سن و سال از من جَوونتر ولی از نظر دانش ازم سر تره.

۹. مایک از داداشش آهسته‌تر غذا میخوره.

G G G

G G

G

g g g

g g

g

Succession of Adjectives

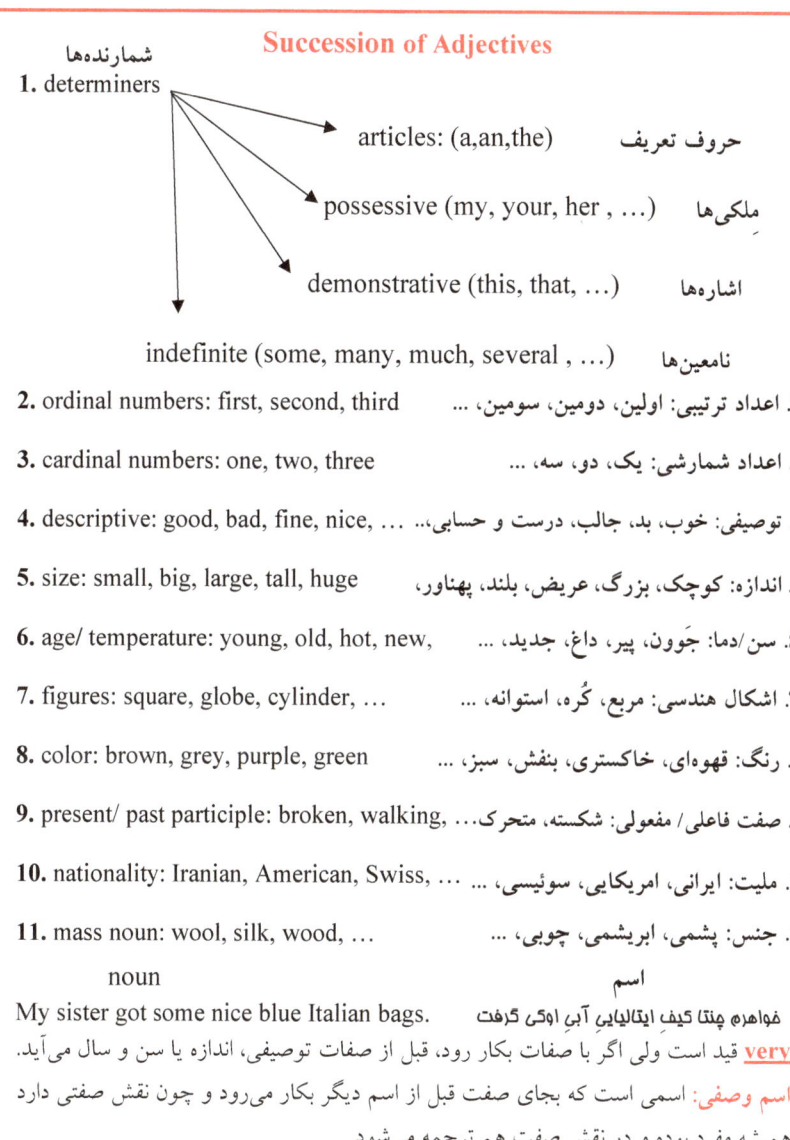

شمارنده‌ها
1. determiners
- articles: (a,an,the) حروف تعریف
- possessive (my, your, her , …) ملکی‌ها
- demonstrative (this, that, …) اشاره‌ها
- indefinite (some, many, much, several , …) نامعین‌ها

2. ordinal numbers: first, second, third ۲. اعداد ترتیبی: اولین، دومین، سومین، …

3. cardinal numbers: one, two, three ۳. اعداد شمارشی: یک، دو، سه، …

4. descriptive: good, bad, fine, nice, … ۴. توصیفی: خوب، بد، جالب، درست و حسابی،…

5. size: small, big, large, tall, huge ۵. اندازه: کوچک، بزرگ، عریض، بلند، پهناور،

6. age/ temperature: young, old, hot, new, ۶. سن/دما: جَوون، پیر، داغ، جدید، …

7. figures: square, globe, cylinder, … ۷. اشکال هندسی: مربع، کُره، استوانه، …

8. color: brown, grey, purple, green ۸. رنگ: قهوه‌ای، خاکستری، بنفش، سبز، …

9. present/ past participle: broken, walking, … ۹. صفت فاعلی/ مفعولی: شکسته، متحرک

10. nationality: Iranian, American, Swiss, … ۱۰. ملیت: ایرانی، امریکایی، سوئیسی، …

11. mass noun: wool, silk, wood, … ۱۱. جنس: پشمی، ابریشمی، چوبی، …

noun اسم

My sister got some nice blue Italian bags. خواهرم چنتا کیفِ ایتالیاییِ آبیِ اوکی گرفت

very قید است ولی اگر با صفات بکار رود، قبل از صفات توصیفی، اندازه یا سن و سال می‌آید.

اسم وصفی: اسمی است که بجای صفت قبل از اسم دیگر بکار می‌رود و چون نقش صفتی دارد همیشه مفرد بوده و در نقش صفت هم ترجمه می‌شود.

- a ten-year-old boy یه پسر ده ساله — a five-toman bill یه اسکناس پنج تومنی
- a two-headed spy جاسوسِ دو سر — a two-door car یه ماشین دو در

Part G

1. I got (old, nice, rug, a).
2. (this, fascinating, house, large) is expensive.
3. The waitress brought us a glass of (European, cold, juice, yummy).
4. There are (very, red some, Chinese, pens, good) on the drawer.
5. Robert found (books, many, new, German) in Peter's library.
6. Sa'di is (poet, Iranian, a, great).
7. (fine, the, oak, old-carved, table) was inestimable.
8. Grandpa donated (several, Turkish, knockout, carpets, small).
9. (Plastic, black, small, bag, a) is in the trash.

Turn these sentences into English, please.

۱. پریروز یک فرش دستباف کوچیک ابریشمی قشنگ خریدم.

۲. این جارو برقی قرمز قشنگ آلمانی خیلی خوشگله.

۳. اون اتومبیل زشت قدیمی زرد کجاییه؟

۴. متاسفانه چهار روز اول هفته گرفتارم.

۵. پدر زنم مسئله رو راحت تر از من حل کرد.

۶. این حداقل کاریه که میتونه واست بکنه.

۷. جیمز زرنگ ترین و کِلِبرت خنگول ترین دانش آموزای کلاسن.

H H H

H H

H

k k k

k k

k

Chapter 4: Verb

به طورکلی، افعال در زبان انگلیسی به دو دسته تقسیم می‌شوند: افعال کمکی و معمولی.

افعال کمکی **auxiliary verbs** که شامل دو بخش می‌شوند:

tense auxiliary verbs

1) be (am, is, are) / was, were/ been — بودن

2) have, has/ had/ had — داشتن/خوردن

3) do, does/ did/ done — انجام دادن

modal auxiliary verbs

4) will, would **5)** shall, should **6)** can, could **7)** may, might **8)** must

9) ought to **10)** used to **11)** need **12)** dare

اینک افعال کمکی فوق را یک به یک به طور مفصل بررسی می‌کنیم.

۱) مشتقات فعل **to be** که برای ساختن زمان های استمراری و همچنین جملات مجهول می‌باشد.

I'm speaking now. — دارم حرف میزنم

The casualty was taken to hospital. — مصدوم به بیمارستان منتقل شد

۲) فعل کمکی **have** و مشتقات آن:

برای ساختن حال کامل، گذشته کامل و نیز دیگر زمانها به شکلِ فرمول به کار می‌رود.

(در مبحث زمان‌ها **(tenses)** مفصل بررسی خواهیم کرد.)

در انگلیسی برتانیا **have, has** را با **not** منفی می‌کنند و برای سوالی کردن آن **have, has** را قبل از فاعل قرار می‌دهند.

Angela hasn't a bag. — آنجلا کیفی نداره

Has Angela a bag? Yes, she has. — آیا آنجلا کیف داره ؟ بله که داره

نکته مهم: انگلیسی امریکایی برای **منفی** و **سوال کردن have** از مشتقات **do** استفاده می‌کند.

چنانچه استفاده از **have** برای سوم شخص مفرد **(He, She, It)** باشد، **do** تبدیل به **does** و پس از آن **has** تبدیل به **have** می‌شود.

Does Angela **have** a bag? — آنجلا کیف داره؟

No, she **doesn't**. She **doesn't have** a bag. — نه نداره. کیفش کجا بود!

Do you have a car? No, I **don't**. I **don't** have a car. — شما ماشین داری؟ نه ندارم

Do your sisters have cars? Yes, they **do**. They have cars.

خواهرات ماشین دارن؟ آره که دارن.

Does she have two brothers? Yes, she does. She has two brothers.

اون خانوم دوتا داداش داره؟ آره، دوتا.

۳) مشتقات **do** برای منفی و سوالی کردن زمان‌ها استفاده می‌شود.

I don't understand Persian. من فارسی نمیفهمم

She doesn't like apples. سیب دوست نداره

نکته ۱: چنانچه **do** به عنوان فعل اصلی باشد، همچنان جهت منفی و یا سوالی کردن از مشتقات **do** استفاده می‌شود.

I **don't** do my homework in the morning. من صبح ها تکلیفامو انجام نمیدم

نکته ۲: همچنین **do** جهت تاکید در جملات خبری و امری مثبت نیز به کار می‌رود.

I do apologise. واقعا از محضرتون پوزش میطلبم Do remember. خوب یادت باشه

نکته ۳: شکل گذشته **do** و **does** با **did** نشان داده می‌شود وجهت بیان تاکید، فعل پس از آن به شکل ساده به کار می‌رود.

She did her homework on time. به موقع تکالیفش رو انجام داد

Did you have your lunch? ناهارت رو خوردی ؟

I did study a lot. دیگه خیلی درس خوندم

۴) **will** جهت ساخت زمان آینده و **would** برای آینده ای که مشمول گذر زمان شده وگذشته شده است به کار می‌رود.

Will you buy me a gift? واسم کادو می‌گیری؟

She said that she would leave Iran soon. گفت میخواد از ایران بره

would like (تمایل داشتن/ خواستن)

عبارتی است که برای تمام اشخاص در زمانهای آینده به کار می‌رود و به جای want در نظرگرفته می‌شود.

I **would like** to drink some coffee. مایلم کمی قهوه بخورم

از **would** گاهی، برای بیان عملی به کار می‌رود که در گذشته عادتاً انجام می‌گرفته است.

When he was young, he would go to the cinema. جَوون که بود می رفت سینما

Frank would always drink hot tea. فرَنک همیشه چای داغ می‌خورد

Would you give me a pen, please? میشه یه خودکار لطف کنی؟

۵) کاربرد **shall, should**

فعل کمکی **shall** منحصراً در انگلیسی برِتانیا برای اول شخص مفرد وجمع(**I/ we**) در زمان آینده به کار می‌رود.

I **shall** travel by train. با قطار می‌بایس سفر کنم

همچنین **shall** درجملات سوالیِ زمان حال برای اول شخص مفرد و جمع، جهت کسب اجازه به کار می‌رود.

Shall I tip the waiter? اجازه می‌فرمایین انعامِ گارسون رو بدم؟

should در انگلیسی امروزی برای بیان اجبار و یا نصیحت ورزی در زمان حال و آینده به کار می‌رود.

You should respect your elderly. باید به بزرگترت احترام بزاری

I should go to school every day. مجبورم هرروز برم مدرسه

۶) کاربرد **can, could**

فعل کمکی **can** برای بیان توانایی در زمان حال و آینده به کار می‌رود.

I **can** hold my breath for 50 seconds. پنجاه ثانیه میتونم نفسمو نگه دارم

نکته: ممکن است از **could** به جای **can** در زمان حال استفاده شود که در این حالت لحن جمله **بسیار مؤدبانه** است.

Could you pass the salt shaker, please? میشه همون نمکدونو لطف کنین؟

۷) کاربرد **may, might**

may (ممکن بودن) برای بیان احتمالات در زمان حال و آینده به کار می‌رود.

might نیز همانند دیگر افعال کمکی مذکور (**could, would, should , ...**) **گذشته نیست** و صرفاً احتمال وقوع عمل را کاهش می‌دهد

به دوجمله زیر دقت کنید:

The sky is cloudy. It **may** rain today. احتمال زیاد امروز بارون بیاد. چرا که هوا ابریه

It's sunny today. It **might** rain today. احتمال خیلی کم امروز بارون بیاد. چون هوا آفتابیه

نکته مهم: چنانچه **can** برای کسب اجازه و تقاضا استفاده شود، در این حالت با **may** مترادف خواهد بود.

Can/ May I go out? میشه برم بیرون ؟

توجه: مورد دیگری که در تمامی افعال کمکی ذکر شده، یکسان است استفاده از **should, would could, might** در جملات شرطی می‌باشد.

به جملات زیر دقت کنید:

If I knew you were there, I should come to you earlier.

اگه بدونم اونجایی که زودتر میام پیشت.

If she called me louder, I would hear her. اگه بلندتر صدام کنه، میشنوم

If you left later, Larry would go with you. اگه یکم دیرتر بری که لَری هم باهات بیاد

If they took a taxi, they might arrive at the airport on time.

اگه تاکسی بگیرن، ممکنه به موقع برسن فرودگاه.

۸) موارد استفاده از **must** در پنج حالت می‌باشد.

الف) ضرورت، اجبار و وظیفه (necessity/ obligation/ duty)

هنگامی که مسئله‌ای ضروری باشد و همگان متعهدانه باید آن را انجام دهند بکار می‌رود. چرا که قانونی بوده و در غیر این صورت تبعات بدی به دنبال خواهد داشت.

People must obey the rules. مردم باید از قوانین پیروی کنن

One must be quiet in a hospital. مردم باید تو بیمارستان سکوت رو رعایت کنن

We must sleep at least 7 hours per day. روزانه هفت ساعت باید خوابید

ب) تاکید بر مسائل خاصِ اخلاقی، اجتماعی و... (ethical, social issues & ...)

Everyone must respect their parents. هرکسی باید به پدر و مادرش احترام بزاره

Alexander must give up smoking. الکساندر باید سیگارو بزاره کنار

You must water the flowers every day. باید هرروز گُلا رو آب بدی

نکته: برخی اوقات اگرچه مسئله بسیار ضروری است، اما گوینده جهت جلوگیری از داشتن لحنی خشک و محکم ممکن است از **should** استفاده کند.

ج) جهت استنتاج و نتیجه‌گیری منطقی (deduction) در زمان حال و گذشته

It must be really cold outside. Look at those icicles! متما بیرون بدجوری سرده. قندیلارو

Dinosaurs were gigantic. They must have eaten a lot.

دایناسورا خیلی غول پیکر بودن. حتما خیلی ام میخوردن.

Leonardo must have answered because he was awake.

لئوناردو باید جواب میداد، چون بیدار بود.

د) جهت توصیه اکید (strong recommendation)

اینکه **should** جنبه ی توصیه و نصیحت دارد صحیح است اما چنانچه توصیه اکید باشد می‌توان از **must** استفاده کرد.

You must see my new car. It's magnificent. باید ماشین جدیدم رو ببینی. کولاکه

They must accept our invitation. باید دعوتمون رو قبول کنن

ه) ساختار منفی نهی کردن (prohibition)

با این ساختار می‌توان کسی را از انجام کاری نهی کرد. همچنین در ساختار منفی **must** که با افزودن **not** به **mustn't** تبدیل می‌شود، می‌توان از **can't** در زمان حال و آینده، و جهت استفاده درزمان گذشته از **can't have** استفاده کرد.

He mustn't talk aloud in the library. نباید توی کتابخونه بلند حرف بزنه

She mustn't drive without a valid driving license.

بدون یه گواهینامه معتبر که نباید رانندگی کنه.

You mustn't take your capsule before your meal. نباید قبل از غذا کپسولت رو بخوری

تفاوت mustn't , can't و گذشته آنها

زمانی که در جمله‌ای **must not** استفاده می‌شود بدین معناست که شخص مورد نظر اجازه انجام آن را ندارد.

به مثال‌های زیر دقت کنید:

That person mustn't die. اون شخص نباید بمیره (نجاتش بدین)

That person can't die. اون شخص نمیتونه بمیره. (فنا ناپذیره)

John **is** in the library. He **can't be** home. جان کتابخونه س. اصلا نمیتونه خونه باشه

John mustn't be home because he has a lot of work to do.

جان نباید خونه باشه چون کلی کار سرش ریخته.

The lady can't have stolen the car, for she was with me.

اون خانومه که نمیتونه ماشین رو دزدیده باشه. چون با من بود.

Joe mustn't have gone on a trip. He felt sick last night.

جو نباید می رفت سفر. دیشب حالش بد بود.

مثالهای دیگر:

You must be knackered after running that marathon.
بعد اون دوِ ماراتون، حتما حسابی خسته‌ای.

Paul is from America. He must speak English.
پاول امریکاییه. دیگه باید انگلیسی حرف بزنه.

It's nearly 11 a.m. He must have left home. حدود یازده س. دیگه تا الان حتما از خونه رفته

Eric must have drunk all the milk. There is nothing left.
حتما اریک همه شیرارو خورده. چون هیچی نمونده.

با توجه به آنکه **must** شکل **گذشته** **(musted!)** **نداشته** و به جای آن از **had to** استفاده می‌شود، **must** معادل با **have to/ has to** درنظر گرفته می‌شود.

I **must** go باید برم — I **had to** go باید میرفتم

تفاوت بین must و have to

must اجبار و الزام در زمان حال و آینده صرفاً از نظر گوینده مد نظر است.

have to الزام از نظر عوامل خارجی است.

You must do something about the flowerbed. باید یه فکری واسه باغچه برداری

She has to send these goods back. مجبوره این کالاها رو برگشت بزنه

I have to take these pills twice a day. باید روزی دوتا ازین قرصا بخورم

I must study hard. (comes from my own motivation) باید سفت درس بخونم

علی رغم موارد ذکر شده یکی دیگر از کاربردهای مهم **must** در مورد قوانین است.

We must stop the car at the zebra crossing when the light is red.
موقع چراغ قرمز، موظفیم پشت خط عابر وایسیم.

Children must not play in the street. بچه ها نباید تو خیابان بازی کنن

۹) کاربرد ought to

در زمان حال یا آینده برای بیان اجبار یا گاهی نصیحت که مترادف با **should** می‌باشد به کار می‌رود با این تفاوت که **ought to** جنبه رسمی داشته و **should** غیررسمی است.

Alex oughtn't to smoke again. الکس نباید دوباره سیگار بکشه

Ought she to do her homework by Friday? تا جمعه میبایس تکالیفشو انجام بده؟

۱۰) کاربرد used to

پس از **used to** **شکل ساده** فعل بکار می‌رود. بدین معنا که عملی درگذشته عادتاً انجام می‌شده و اکنون دیگر انجام نمی‌شود. **used to** معنا ندارد و صرفاً جهت بیان عادتی درگذشته مورد استفاده واقع می‌شود.

He used to work on a farm as a child. بچه که بود توی یه مزرعه ای کار می کرد

Richard used to smoke a lot when he was young. ریچارد دوران جَوونی خیلی سیگار میکشید

شکل مثبت، منفی و سوالی **used to** اشکال مختلفی دارد:

Mary used to sleep late at night. مِری شبا دیر میخوابید

Mary didn't use to sleep late at night. مِری شبا دیرنمیخوابید

Did Mary use to sleep late at night? شبها مِری دیر میخوابید؟

Mary used not to sleep late at night. مِری شبا دیر بیدار نمیشد

Used Mary to sleep late at night? مِری شبا دیر میخوابید؟

۱۱) کاربرد need

چنانچه **need** به عنوان فعل کمکی واقع شود، در جملات سوالی و منفی با زمان حال ساده به کار می‌رود. در این حالت دقیقا مانند **افعال کمکی** صرف می‌شود؛ یعنی در حالت سوم شخص مفرد "**s**" **نمی‌گیرد** و فعل پس از آن **بدون to** به کار می‌رود.

Need I go there? نیازه برم اونجا؟

Need she stay with us? میخواد پیشمون بمونه؟

need به عنوان فعل اصلی " احتیاج داشتن" است طبق مثالهای گفته شده، که خود می‌توانند سوالی و منفی شوند، با فعل کمکی **do/ does** نیز سوالی و منفی می‌شود.

You don't need to do that. نیازی نیست اونکار رو انجام بدی

Does he need any money? پول لازمه؟

ضمناً اگر **need** به عنوان **فعل اصلی** تلقی شود، فعل بعد از آن با **to** به کار می‌رود.

He needs to take some pills every other day. روز در میون باید چنتا قرص بخوره

توجه: اگر فاعل **need** **غیر انسان** باشد، فعل پس از **need** به صورت **ing** یا مجهول به کار می‌رود.

The pipes need **repairing/ to be repaired.** لوله‌ها باید تعمیر شن

شکل گذشته **need** در حالت منفی دو شکل دارد:

به دو جمله زیر دقت کنید:

Jack considered travelling to Europe with his family, but his family disagreed and told him he **needn't have done** it.

It was not very cold, and Louis **didn't need to take** his overcoat.

در <u>جمله اول</u> جک کلی برنامه جهت سفر با خانواده‌اش به اروپا در نظر گرفته بود که خانواده‌اش مخالفت کردند و به او گفتند نیازی به این همه برنامه‌ریزی نبود.

(جک این کار را انجام داده بود و برای آن، کلی وقت صرف کرده بود.)

اما <u>جمله دوم</u> Louis لباس گرم را اصلاً بر نداشت چرا که هوا خیلی سرد نبود.

به عبارت دیگر، هنگامی که از **needn't have done** استفاده می‌شود، عمل انجام شده و حال این گونه برداشت می‌شود که نیازی به انجام آن نبوده.

اما در جمله **didn't need to do** عمل انجام نشده چرا که اصلا نیازی به انجام آن نبوده.

۱۲) کاربرد **dare**

این فعل به معنای جرات کردن/ داشتن همانند ساختار **need** می‌باشد.

به جملات زیر دقت کنید:

I don't dare to tell her.   جرات نمیکنم بهش بگم
I daren't tell her.

Dare you walk alone in a cemetery at night?
Do you dare to walk alone in a cemetery at night?

جرات می‌کنی شب تنهایی توی قبرستون راه بری؟

در برخی جملات از **dare** به شکل اصطلاحی استفاده می‌شود.

I dare you!   حالا نشونت میدم

عبارت **had better** (بهتر است که) و **would rather** (ترجیح دادن) به عنوان افعال کمکی، به تنهایی در زمان‌های حال و آینده به کار می‌روند و فعل پس از آنها به <u>شکل ساده</u> می‌باشد.

به نحوه منفی و سوالی کردن این عبارات توجه کنید.

We had better take a trip to the North.	بهتره یه شمالی بریم
Had we better take a trip to the North?	خوبه یه سفری به شمال بریم؟
Hadn't we better take a trip to the North?	بهتر نیست یه سفری به شمال بریم؟
We had better not take a trip to the North.	بهتره به شمال سفر نکنیم
He would rather stay here.	ترجیح میده اینجا بمونه
Would he rather stay here?	ترجیح میده اینجا بمونه؟
He would rather not stay here.	ترجیح میده اینجا نمونه
Wouldn't he rather stay here?	ترجیح نمیده اینجا بمونه؟

جهت استفاده ازاین دو عبارت درحالت قیاسی، می‌توان اینگونه گفت که <u>**پس از فعل جمله اول**</u> <u>**than**</u> بکار می‌رود و <u>**فعل پس از آن بدون to**</u> می‌باشد.

I had better walk **than** run.   بهتره قدم بزنم تا بدوَم

She would rather listen **than** read the text.

ترجیح میده به متنش گوش بده تا اینکه بخونتش.

Part A

شکل صحیح افعال داخل پرانتز را به کار ببرید.

1. They think they ought ……..…….. here. (stay)
2. She might……..….. you. (not, see)
3. The students should ……….…….. their homework. (do)
4. He ………... wait for the train yesterday. (have to)
5. I suppose it will ………..…….. today. (rain)
6. You need …….…….. early next time. (come)
7. She had better ……………. if she feels drowsy. (sleep)
8. She ……………. be interested in swimming. (may)
9. Chris ……………. go to the party. (not, need)
10. We'd rather ……..…….. to the cinema. (not go)
11. Kim ……………. talk much. (not, used to)
12. …..……….. play the guitar? (he, used to)
13. ……………. stay out of the restricted area? (we, must)
14. She ……………. give up smoking. (must)
15. My uncle shouldn't ……………. so much. (smoke)
16. ………........ you open the window? (could)

I I I

I I

I

i i i

i i

i

English for Eager Beavers

افعال **ought to, could, might, would, should** گرچه عموما گذشته به نظر می‌رسند، اما <u>گذشته نبوده</u> و با مفاهیم خاص در زمان‌های حال و آینده به کار می‌روند.

یادآوری

should, ought to برای اجبار، **would** برای تمایل، **could** اجازه، کسب تکلیف و همچنین پیشنهاد و **might** برای احتمال ضعیف در زمان حال و آینده به کار می‌رود.

Diego should take his driving license this year.

دیه‌گو باید امسال گواهینامشو بگیره دیگه.

We could go to the theater next week.

بد نیست هفته دیگه یه تئاتری بریم.

چنانچه افعال فوق در حالت گذشته به کار روند ازساختار (**فعل کمکی** + **have + p.p**) که شکلِ کاملِ افعال کمکی می‌باشد، استفاده می‌شود. این افعال هنگامی درگذشته به کار می‌روند که عمل برخلاف انتظار صورت گرفته باشد.

Diego should have taken his driving license last year. (but he didn't)

پارسال دیه‌گو باید گواهینامشو می‌گرفت.

We could have gone to the theater last week. (but we didn't)

میتونستیم هفته پیش بریم تئاتر.

I would have gone to the party, but I was really busy.

میتونستم برم مهمونی ولی خیلی کار سرم ریخته بود.

You ought to have offered to help earlier. (but you didn't)

زودتر ازینا باید میگفتی واسه کمک هستی.

Why did you fight him? He might have killed you.

چرا باهاش درگیر شدی؟ میتونست خلاصت کنه.

همچنین می‌توان درجمله فوق **may** را جایگزین **might** کرد. جملات زیر را مقایسه کنید:

By the end of this year, I **may** have taken my driving license. **(strong possibility)**
By the end of this year, I **might** have taken my driving license. **(weak possibility)**
By the end of this year, I **will** have taken my driving license. **(certainty)**

(**will have + p.p**) آینده کامل بوده که در بخش تنس ها مفصل به آن خواهیم پرداخت.

نکته طلایی

به کاربرد **should** و**must** در زمان گذشته می‌بایست توجه کرد:

دو جمله زیر را مقایسه کنید:

Morris had an accident. He <u>should have driven</u> slowly.

مورِس تصادف کرد. باید آهسته رانندگی می کرد.

Morris had an accident. He <u>must have driven</u> recklessly.

مورِس تصادف کرد. خب حتما بی کله رانندگی می کرده.

از **(may/might have + p.p)** برای عملی استفاده می‌شود که احتمال آن وجود داشته ولی مطمئن نیستیم.

Dennis isn't here. She **may /might** have gone out.

دِنِس اینجا نیست. احتمالا رفته بیرون. (ممکنم هست نرفته باشه)

Sequence of Tense

چنانچه فعلِ جمله پایه در زمان حال یا آینده باشد، فعلِ جمله پیرو در همان زمان، و اگر گذشته باشد یک زمان به عقب می‌رود. به شکلی که **will** به **<u>would</u>**، **can** به **<u>could</u>** و **may** به **<u>might</u>** تبدیل می‌شود.

He **says**, "I **like** apples." He **said** he **liked** apples.

She **hopes** she **can** do it. She **hoped** she **could** do it.

I **think** it **will** snow today. I **thought** it **would** snow today

Part B

با توجه به قانون تطابق زمان‌ها جملات زیر را به گذشته تبدیل کنید.

1. I don't think we will meet each other again.

2. He assumes that you are going to be late.

3. She says that they are coming.

4. The forecast expert says the weather will get cold.

5. She says that her name is Olivia.

6. The neighbors complain that Amelia is very noisy.

7. He takes an oath that he has never seen that theft before.

8. They think they will finish their work by 3 o'clock.

9. The workers think that their boss will admire them.

10. Does Sophia think that she can make it?

Part C

با استفاده از کلمات داخل پرانتز جملات مشابه با جملات داده شده بنویسید.

1. You should be curious. (ought)

2. I realise that it was a terrible experience for you. (must)

3. The report had to be on my desk but, it wasn't. (should)

4. Ava wants a cup of coffee. (like)

5. It is possible that Pier didn't receive my mail. (might)

6. Should we leave the office now? (we, ought)

Part D

پاسخ صحیح را انتخاب کنید.

1. I don't exactly know where my book is. I ………….. have left it in the bus or somewhere else.

   a) must   b) might   c) should   d) would

2. His glasses aren't in his pocket. He doesn't know what happened to them. He …….. them somewhere.

   a) should leave   b) should have left   c) might have left   d) might left

3. Why didn't you let her buy what she wanted? You ……….. her like a child last night.

   a) shouldn't treat   b) mustn't have treated

   c) shouldn't have treated   d) can't have treated

4. Why is that man shouting? He ………..be angry.

   a) must   b) has to   c) could   d) should have

5. Everyone is asleep. We ……… make noise.

   a) couldn't   b) mustn't   c) needn't   d) wouldn't

6. I'm quite delighted to walk. You ……. drive me home.

   a) don't   b) haven't   c) mustn't   d) needn't

7. The fridge was too heavy. I almost died. You……....... a telephone taxi. There are plenty of them.

   a) would have taken   b) could take

   c) might have taken   d) could have taken

J J J

J J

J

j j j

j j

j

Tenses

همانطور که می‌دانید ۳ زمان بیشتر نداریم: گذشته، حال و آینده که هر زمان دارای ۴ حالت می‌باشد ساده، استمراری، کامل، کامل استمراری.

بدین ترتیب کلیه افعال را در ۱۲ حالتِ زمانی می‌توان بررسی کرد.

۱) حال ساده (Simple Present)

شکل ساده فعل + فاعل

آسان‌ترین و کاربردی‌ترین زمان در بین دیگر زمانها محسوب می‌شود. فعل مورد استفاده در این زمان به **شکل ساده** بوده و تنها برای سوم شخص مفرد یک **s** به فعل مورد نظراضافه می‌شود.

الف) جهت بیان اعمال عادتی و تکراری که عموماً قیود زیردر جمله دیده می‌شوند.

usually معمولا	always همیشه
generally عموما	rarely/ seldom به ندرت
never هرگز	often اغلب
ever تاکنون	sometimes گاهی اوقات

I **usually** eat lunch at 3 p.m. معمولا ساعت ۳ ناهار میخورم

نکته: وجود قید درجمله کاملاً اختیاری است و یک جمله بدون قید نیز نوعی جمله است.

ب) بیان حقایق که در این حالت استفاده از قید درجمله نادرست بوده و ضرورتی هم ندارد.

The earth goes around the sun. زمین دور خورشید میچرخه

Two and two make four. دو دو تا چهارتا

Water boils in 100 degrees. تو دمای صد درجه آب جوش میاد

The sun is a star. خورشید ستاره س

ج) پس از کلمات زیر به جای آینده از زمان حال ساده یا حال کامل (که جلوتر با آن بیشتر آشنا خواهیم شد) استفاده می‌شود.

as long as, when, as soon as, till, before, after, until, if, unless, by the time, …

You'll succeed <u>if</u> you study hard. اگه خوب درس بخونی، موفق خواهی شد

<u>When</u> I see her next time, I'll appreciate her. دفعه دیگه که ببینمش، ازش تشکر میکنم

I won't eat <u>unless</u> my father comes. لب به غذا نمیزنم تا بابام بیاد

He won't leave the office <u>until</u> she has finished her tasks.

تا کاراشو تموم نکنه اداره رو ترک نمیکنه.

فعل مورد استفاده در این زمان به شکل ساده می‌باشد و همانطورکه اشاره شد تنها برای سوم شخص مفرد یک s به فعل مورد نظر اضافه می‌شود.

I want to stay home. — میخوام خونه بمونم

They study English every 3 days. — هرسه روز انگلیسی میخونن

She drinks coffee every afternoon. — بعد از ظهرا قهوه میخوره

He teaches French at university. — تو دانشگاه، فرانسه تدریس میکنه

د) در هنگام روایت داستان یا گزارشات ورزشی.

In the film, the man **falls** of the cliff. — توی فیلم، یارو از صخره پرت میشه پایین

Joe **passes** the ball to Jack. — جُو توپو میده به جک

ه) در عناوین روزنامه‌ها.

President Returns from His Trip to Dubai. — رئیس جمهور از سفرش به دوبی برمیگرده

نکته مهم ۱:

اگر فعل مورد نظر به حروف **z, x, o, s, sh, ch** ختم شود، در سوم شخص مفرد **es** می‌گیرد.

I go	We go
You go	You go
He She goes It	They go

A bee usually **buzzes.** — زنبور اصن کارش وِز وِزه

What does he do? He **fixes** cars. — شغلش چیه؟ ماشین تعمیر میکنه

Elizabeth often **passes** her tests. — الیزابت اغلب امتحاناشو قبول میشه

نکته ۲: چنانچه فعلی به **y** ختم شود و قبل از **y** حرف بی‌صدا وجود داشته باشد، **y** به **i** تبدیل شده و سپس **es** می‌گیرد.

I sometimes study in the morning. — من گاها میشه که صبح هام مطالعه میکنم

She never studies at night. — اون هیچوقت شبا مطالعه نمیکنه

همانطورکه در ابتدای کتاب گفته شد، شکل سوالی جملات در کلیه زمان‌ها تنها با جابجایی فاعل و فعلِ پس از آن انجام می‌شود. منتها در جملاتی که با حال ساده ساخته می‌شوند، جهت سوالی کردن از **do** و چنانچه فاعل، سوم شخص مفرد باشد از **does** طبق مثال‌ها استفاده می‌شود.

Chapter 4: Verb M.H.Zahedi

They sleep at 10 o'clock. اونا ساعت ده میخوابن
Do they sleep at 10 o'clock? ده میخوابن؟
She comes home at 5 p.m. ساعت پنج میاد خونه
Does she come home at 5 p.m? پنج میاد خونه؟
You speak French. شما فرانسوی صحبت می‌کنی
Do you speak French? فرانسوی حرف میزنی؟
He looks angry! عصبانی به نظر میادا
Does he look angry? عصبانی به نظر میاد؟
Helen does her homework every day. هِلن تکلیفاشو روزانه انجام میده
Does Helen do her homework every day? هِلن تکلیفاشو روز به روز انجام میده؟

یادآوری

اگر در جمله مورد نظر فعل **be** داشته باشیم نیازی به استفاده از **do** و **does** نیست و تنها جای فاعل و مفعول جابجا می‌شود.

Mary is a bookkeeper. مِری حسابداره Is Mary a bookkeeper? مِری حسابداره؟
They are surgeons. اونا جراحن Are they surgeons? جراحن؟

جهت منفی کردن جملات فوق تنها کافی است که به **do** و **does** یا مشتقات فعل **be** یک **not** اضافه کنیم.

She doesn't leave home late at night. شبا دیروقت از خونه بیرون نمیره
I don't remember you. بجا نمیارم
We don't need your help. احتیاجی به کمک شما نیست
They aren't teachers. اونا که معلم نیستن
I'm not your servant! نوکرت که نیستم

جهت سوالی و منفی کردن **have/ has** (داشتن) نیز می‌توان از **do** و یا **does** استفاده کرد.

حال آنکه در **انگلیسی قدیم** و **رسمی کنونی**، خود **have/ has** را منفی‌کرده یا به ابتدای جمله منتقل می‌کنند.

You haven't a bicycle = You don't have a bicycle. تو که دوچرخه نداری
Do you have a bicycle? دوچرخه داری؟
She hasn't two brothers = She doesn't have two brothers. دوتا که داداش نداره
Does she have two brothers? دوتا داداش داره؟

English for Eager Beavers

۲) زمان حال استمراری (Present Continuous)

فاعل + am/ is/ are + فعلing

الف) برای بیان عملی که هم اکنون و یا در این ایام انجام می‌گیرد. در چنین زمانی از فعل کلمات زیر درجمله دیده می‌شوند.

nowadays, tonight, now, this (week, month, year), right now, right away, at the moment, for the time being, still, at present ...

I'm speaking now.	دارم حرف می‌زنم
For the time being, I'm thinking of it.	فعلا دارم بهش فکر می‌کنم
It is snowing at the moment.	داره برف میاد

ب) برای آگاهی یا هشدار دادن که با افعال زیر به کار می‌رود.

Look!	نگاه کن	Be quiet!	ساکت باش
Be careful!	مراقب باش	Listen!	گوش کن
Watch out!	بپا		

استثناء: چنانچه پس از افعال هشدار دهنده کلمه **here** و **there** به کار رود فعل به صورت حال ساده می‌باشد.

Look! There **comes** Steve.   عه نیگا، استیو داره میاد

ج) جهت بیان انجام کاری در آینده که با احتمال بسیار زیاد به وقوع خواهد پیوست.

She's travelling to Europe tomorrow.	فردا میره اروپا
I'm coming there now.	دارم میام اونجا
We are enjoying ourselves on the beach next Saturday.	شنبه دیگه لب ساحل داریم حالشو میبریم.

نکته بسیار مهم: افعال حالتی، حسی و غیر ارادی که انجام آنها از اختیار ما خارج است، به شکل حال ساده ظاهر می‌شوند <u>نه استمراری</u>.

مهم‌ترین این افعال عبارتند از:

have	داشتن	smell	بوییدن/ مزه داشتن	recognize	شناختن
believe	اعتقاد داشتن/باور داشتن	see	دیدن	be	بودن
forget	فراموش کردن	need	نیاز داشتن	know	دانستن
understand	فهمیدن	hear	شنیدن	hate	تنفر داشتن
love	دوست داشتن	remember	به یاد آوردن	seem	به نظر رسیدن
want	خواستن	guess	حدس زدن	like	مایل بودن

You seem unusual. یجوری ای ها

She understands what you say now. حالا داره میفهمه چی میگی

I know you right away. حالا دارم میشناسمت

He loves you. عاشقته

شکل سوالی و منفی نیز همانطورکه گفته شد، مانند کلیه زمان ها با جابجایی فاعل، فعل وافزودن **not** به فعل **be** میسّرخواهد بود.

Albert isn't walking in the garden. He's sleeping.

آلبرت که توی باغ قدم نمی‌زنه. اون خوابه الان.

Are you watching TV? داری تلویزیون میبینی؟

Is David eating his meal? دیود داره غذاشو می‌خوره؟

I'm not listening to you. به حرفات گوش نمی‌دم

Sheriden is not studying. شِرِدن که درس نمی‌خونه

Is she caressing her cat? داره گربه ش رو ناز می‌کنه؟

د) عبارت am/ is/ are + being + adjective به رفتار فرد در زمان حال اشاره دارد.

He is being obstinate. = He's <u>behaving/ acting</u> obstinately. = He's obstinate.

طرف کله شقه.

He's being selfish = She's behaving/ acting selfishly. She is selfish. خودخواهه

نکات ضمیمه‌ای

۱) در پاسخ کوتاه مثبت، جمله مخفف نمی‌شود اما در پاسخ کوتاه منفی، عموما کوتاه می‌شود.

Is she playing volleyball? Yes, **she is**. She is playing volleyball.

Are they waiting for the bus? No, **they aren't**. They aren't waiting for the bus.

۲) استفاده ازافعال **look, feel** در هر دو زمان حال ساده و استمراری صحیح می‌باشد.

You look happy today. = You are looking happy today.

امروز خوب کبکت خروس میخونه ها.

How does she feel now? = How is she feeling now? الان حالش چطوره؟

۳) چنانچه e انتهای افعال تلفظ نشود، هنگام افزودن ing, e را حذف می‌کنیم.

come…… coming write……..writing dance……. dancing
use……... using make……... making bite …….. biting

۴) درافعال یک بخشی که حرف آخر آنها بی صداست، چنانچه ما قبل آن یک حرف صدادار باشد

هنگام افزودن **ing** حرف آخر آن تکرار می‌شود.

run….. running sit...sitting swim….. swimming
put….. putting grab….. grabbing set…….setting

۵) در افعال دو بخشی یا بیشتر، که حرف آخرشان بی‌صدا وحرف ماقبل آخر تنها یک حرف صدا

دار باشد و استرس بر روی بخش آخر باشد، هنگام افزودن **ing** حرف آخر تکرار می‌شود.

begin……..beginning permit……permitting occur…..occurring

۶) افعالی که به **ie** ختم می‌شوند هنگام افزودن **ing** حرف **ie** به **y** تبدیل می‌شود.

lie ……….. lying die ……….. dying tie ……….. tying

در دو حالت **always** را در حال استمراری به کار می‌برند:

الف) برای بیان نارضایتی و ناراحتی خود از کاری که مرتباً رخ می‌دهد.

My brother is always listening to loud music.

برادرم همش باصدای بلند موسیقی گوش میکنه.

ب) برای بیان عملی که اتفاقی یا بیش از حد انتظار رخ می‌دهد.

She is always breaking dishes. همش میزنه ظرفارو میشکونه

His sister is always losing the ignition key. خواهرش همش سوئیچو گم میکنه

۳) حال کامل (Present Perfect)

قسمت سوم فعل + have/has + فاعل

الف) عملی که در گذشته نامعین انجام شده و نتیجه آن به شکل(فیزیکی- ذهنی) در زمان حال دیده می‌شود.

I have eaten my lunch. ناهارمو خورده ام
George has swum in that river. جُورج تو اون رودخونه شنا کرده

در این زمان از فعل کلمات زیر دیده می‌شوند:

up to the present, now that, as soon as, still, up to now, so far, ever, before, yet, lately, recently, already, frequently, finally, never

I have recently rented a small apartment. این آخر کاریا یه آپارتمان کوچکی اجاره کردم
She has read that book. اون کتابه رو خونده
Has Hector cut the branches? هِکتِر شاخه هارو کوتاه کرده؟
It has snowed a lot. خیلی برف اومده
Victoria hasn't learnt French yet. وکتوریا هنوز فرانسه یاد نگرفته
He has typed eleven letters. یازده تا نامه تایپ کرده
Has she ever travelled abroad? تا حالا تو عمرش خارج رفته؟
Haven't you dyed your hair yet? هنوز موهات رو رنگ نکرده ای؟

ب) برای عملی که در گذشته شروع شده و هم اکنون تمام شده که غالباً با just همراه است.

The physician has just arrived. همین الان دکتر رسید

ج) جهت بیان کاری که در گذشته چندین بار تکرار شده که با کلمات زیر دیده می‌شود.

many times, a lot of times, several times, over and over, again and again …

Ava has been **to** Africa over and over. اوا بارها رفته آفریقا
I have been **in** London for the past month. تا ماه پیش لندن بودم

تفاوت بین been in و been to

به دو جمله زیر دقت کنید:

He has been **to** France many times.
He has been **in** France for 3 months.

هر دو جمله صحیح هستند.

جمله اول بیانگر این است که وی مکرراً به فرانسه سفرکرده وحال بازگشته است.

جمله دوم گویای آن است که همچنان در فرانسه می‌باشد و سه ماه از اقامت وی می‌گذرد.

همچنین دو جمله زیر نیز معادل هستند:

He has been **to** France He has **travelled to** France. به فرانسه سفر کرده

د) ساختار **This is the first/ second/ third ...** عموماً با حال کامل استفاده می‌شود.

This is the first time she has spoken. این اولین باره که حرف میزنه

I have lost my Id card. It's the second time it has occurred.

شناسنامه م رو گم کردم. این دفعه دومه که اینطوری میشه.

ه) عملی که در گذشته شروع شده و هنوز ادامه دارد که در این حالت با **since** و **for** دیده می‌شود.

He has worked in the factory **since** 2000. از سال ۲۰۰۰ تو این کارخانه مشغول است

He has worked in this factory **for** 20 years. بیست ساله تو این کارخونه کار میکنه

He has worked in this factory **since** 20 years **ago**.

از بیست سال پیش تو این کارخونه مشغوله.

مهم: در یک تعریف کاربردی می‌توان چگونگی استفاده از حال کامل را در مکالمات روزمره نشان داد.

a) experience تجربه

I've done this job many times. بارها اینکارو انجام داده ام

Mark has been to Chicago over and over. مارک مکرر به شیکاگو سفر کرده

b) change تغییر

He has got a pet. یه حیوان خانگی گرفته

She has dyed her hair. موهاشو رنگ کرده

c) conclusion نتیجه

We have passed our examinations with flying colors.

امتحانامونو با نمرات درخشان پاس کرده ایم.

I've energetically done my tasks. تکالیفم رو انجام داده م اونم با کلی انرژی

۴) حال کامل استمراری (Present Perfect Continuous)

فاعل + have / has been + فعل ing

این زمان جهت تاکید بر استمرار عمل به کار می‌رود که از گذشته شروع و تا حال بدون وقفه ادامه دارد.

I have been studying English since 2 a.m. — از دوِ صبح یه ریز دارم انگلیسی میخونم

Has Maria been living in this building for 5 years?

پنج ساله مِری تو این ساختمون زندگی میکنه؟

تفاوت آن با حال کامل در این است که حال کامل تاکید بر کامل شدن و نتیجه عمل است در حالی‌که در حال کامل استمراری، دوام و ادامه بدون وقفه عمل مورد توجه است.

جهت مشخص شدن موضوع به دو جمله زیر دقت کنید.

She has typed twenty letters since morning.
She has been typing letters since morning.

جمله اول نشان دهنده‌ی **نتیجه عمل** است که منجر به تایپ شدن بیست نامه شده است.

جمله دوم **تداوم عمل** مطرح می‌باشد.

نکته طلایی: کلمات پرسشی مانند **when, what, where, how, which, why...** در ابتدای شکل سوالی جملات مورد نظر درکلیه زمان‌ها نسبت به موقعیت استفاده می‌شود.

How have you been learning English? — چجوری انگلیسی رو یاد میگیری؟

Why has she left Iran? — چرا ایران رو ترک کرده؟

Why is Robert living in Switzerland? — چرا رابرت ساکن سوئیسه؟

How do I look like? — چطورم؟

Which one have you been looking for, the lady in red or blue?

دنبال کدوم یکی میگردی؟ اون خانمی که قرمز پوشیده یا اونی که آبی تنشه؟

Part E

جای‌های خالی را با یکی از زمان‌های **حال** ساده، استمراری، کامل یا کامل استمراری پرکنید.

1. She .... (speak) with her auntie now.
2. Sarah .... (go) shopping every week.
3. Oh, there .... (come) David.
4. Be quiet! I ....(want) to listen to the news.
5. What .... (he/ do)?He ....(try)to fix the TV aerial.
6. .... (she/ live) in England?
7. My mother....................….. (not/ watch) T.V. Turn it off.
8. Julia .... (have) a lot of hobbies since she was a kid
9. Is it the first time he .... (be) on a diet?
10. My sister .... (cook) spaghetti three times this week.
11. Tom ....…... (make) this snowman for 2 hours.
12. Rodrick is one of the best drivers I .... (see/ ever)
13. How long .... (it/ take) her to dress usually?
14. ………….. (study/ you) German for 3 hours? You must be really knackered now.
15. "You look sleepy!" " Yes, I ....….. ."(just/ wake up)
16. "Don't forget to do your assignments.". " I ....them" (do/ already)
17. That cigar............ (smell) dreadful.
18. Bears ....(like) honey.
19. I...................…... (go) to buy a new bag tomorrow.
20. Leave them alone. They....................... (be/ work)
21. He…….. (write) an article for the last 2 months and he .... (finish) it yet.
22. How long .... (learn/ Edward) Japanese?

Chapter 4: Verb

𝒦 𝒦 𝒦

𝒦 𝒦

𝒦

𝓀 𝓀 𝓀

𝓀 𝓀

𝓀

۵) گذشته ساده (Simple Past)

شکل گذشته فعل + فاعل

الف) در گذشته معین انجام و خاتمه یافته است.

I drank a glass of water two minutes ago. دو دقیقه پیش یه لیوان آب خوردم

این زمان عموماً با قیود معین گذشته همراه است.

yesterday, last (Friday, month, week, night, …), ago

ب) جهت بیان کاری که در گذشته عادتا انجام می‌شده که در این حالت از used to و گاهی از would استفاده می‌شود و used to و صرفاً نشان دهنده کاری است که در گذشته انجام می‌شده و دیگر صورت نمی‌گیرد.

به جملات زیر دقت کنید.

I **used to go** to kindergarten as a child.
I **would go** to kindergarten as a child. دوران بچگی میرفتم مهد کودک
I **went** to kindergarten as a child.

شکل سوالی گذشته ساده با استفاده از **did** امکان‌پذیر می‌باشد.

Did you sleep well last night? No, I didn't. دیشب خوب خوابیدی؟ نه خوب نخوابیدم

Did he like the dessert? Yes, he did. از دِسِر خوشش اومد؟ آره، خوشش اومد

Did they enjoy themselves at the party? Not at all.
جشن بهشون خوش گذشت؟ نه بابا اصلا.

همچنین شکل منفی و سوالی منفی چنین جملاتی به شرح زیر می‌باشد.

I didn't like to stay there. خوشم نیومد اونجا بمونم

Didn't you get stuffed? No, I didn't. I wanted to eat more, but I was shy.
سیرنشدی؟ نه که نشدم. هنوزم میخواستم ولی دیگه خجالت کشیدم.

تفاوت بین حال کامل و گذشته ساده

مورد۱) مهم‌ترین تفاوت بین حال کامل و گذشته ساده این است که **حال کامل** درگذشته **نامعین** و **گذشته ساده** در زمان **معین** اتفاق افتاده است.

You haven't been around much lately. کم پیدایی ها

I had a terrible accident last month. ماه پیش یه تصادف ناجور داشتم

مورد۲) پیش ترگفته شد که درحال کامل، عملی که درگذشته نزدیک انجام شده باشد با قید **just** همراه می‌شود، حال آنکه درگذشته ساده منحصراً از **just now** استفاده می‌گردد.

They have just left home. پیش پای شما از خونه رفتن

They left home just now. همین الان رفتن از خونه

مورد۳) جهت بیان وقایع مهم گذشته، که چنین مواردی را می‌توان از حال کامل درگزارشات نامه‌ها و مکالمات یافت.

توجه: چنین مواردی در انگلیسی **امریکایی** عموماً به شکل **گذشته ساده** به کار می‌رود.

The prime minister has arrived in Switzerland. نخست وزیر به سوئیس رسید

I'm delighted to tell you that you have passed your exam.

مفتخرم خبر قبولیت تو امتحان رو بهت بگم.

یادآوری

حال کامل با قیود نامشخص مثل this (year,week,month ....) today در صورتی که مدت عمل هنوز به پایان نرسیده است، به کار می‌رود.

اما **گذشته ساده** با زمان های معین مثل last week, last night,noon, ... ago استفاده می‌شود.

I've seen John this week. توی این هفته جان رو دیده م

I saw John last week. هفته پیش جان رو دیدم

۶) گذشته استمراری (Past Continuous)

فاعل + was/were + فعل ing

الف) عملی که در گذشته به صورت مستمر درحال انجام بوده و عموماً یک گذشته ساده عمل را قطع می‌کند.

این زمان از فعل، عموما با کلمات و عبارات زیر دیده می‌شود.

when, while, all last week/ yesterday, last night ….

It was raining cats and dogs last night. دیشب بارون سیل آسایی اومد

She was eating her breakfast when she coughed. وسط صبحانه خوردن یهو سرفش گرفت

While he was crossing the street, he fell down. داشت از خیابون رد میشد که خورد زمین

Victoria was walking in the street when it started to rain.

وِکتوریا داشت تو خیابون قدم میزد که بارون گرفت.

ب) جهت بیان عملی که در زمان معینی از گذشته در حال انجام بوده. در این صورت می‌توان بدون استفاده ازگذشته ساده، جمله را بیان نمود.

What were you doing at this time yesterday? دیروز این موقع چیکار می‌کردی؟

I was chatting with my friends at this time yesterday.

دیروز این موقع داشتم با دوستام چت می‌کردم.

Was she watching TV at 8 o'clock last night? دیشب ساعت ۸ داشت تی وی میدید؟

Yes, she was. She was watching TV at 8 last night. بله. دیشب ساعت ۸ تی وی میدید

ج) برای بیان عملی که همزمان و به موازات یکدیگر انجام گرفته‌اند که در چنین حالتی می‌توان از when یا while استفاده نمود.

My brother was playing a video game while my sister was talking on the phone.

برادرم بازی رایانه ای می‌کرد درحالی‌که خواهرمَم با گوشی حرف میزد.

He was reading a magazine when my mom was making some soup.

داشت مجله میخوند، مامانم سوپ درست میکرد.

Chapter 4: Verb M.H.Zahedi

دو جمله زیر را مقایسه کنید:

She was cooking dinner when the guests arrived.
She cooked dinner when the guests arrived.

در جمله اول قبل از ورود مهمانان، عملِ پختن شروع شده و تا رسیدن آنها ادامه داشته است.

اما در جمله دوم میهمانان رسیدند و سپس او شام را پخت.

نکته مهم۱) قبل از گذشته استمراری از حروف ربط when, while, as می‌توان استفاده کرد.

I saw them **when/ while/ as** I was waiting for the bus.

منتظر اتوبوس که بودم دیدمشون.

نکته مهم۲) برای ابراز گله‌مندی از یک عمل تکراری از قید تکرار **always** و فعل **was/were** همراه **ing** مانند نمونه استفاده می‌شود:

She was always making excuses for doing her homework.

حرف از درس و مشقش که میشد، هربار یه فیلمی از خودش درمیاورد.

۷) گذشته کامل (Past Perfect)

قسمت سوم فعل + had + فاعل

عملی که درگذشته قبل از عملی دیگر صورت گرفته باشد. ماضی بعید معمولاً با یک ماضی ساده و با یک یا چند نشانه همراه می‌شود. برخی از این نشانه‌ها عبارتند از:

by, after, until, till, when

We had visited this museum before. — ما قبلا ازین موزه بازدید کرده بودیم

They had left the office when I arrived. — من که رسیدم اونا اداره رو ترک کرده بودن

As I got to the station, the train had left. — وقتی به ایستگاه رسیدم، قطار رفته بود

Hadn't she seen that movie yet? — هنوز اون فیلمه رو ندیده بود؟

By 11 o’clock last night, all the guests had left.

دیشب تا یازده دیگه همه مهمونا رفته بودن.

By the time we slept, Robert had watched his favorite movie.

تا خوابیدیم، رابرت فیلم مورد علاقه ش رو دیده بود.

They had lived there for many years before I met them.

قبلی که ببینمشون، سالها اونجا زندگی کرده بودن.

Garry didn’t like to go to the cinema because he had already seen that movie.

گری نمی‌خواست بره سینما، چون قبلا اون فیلمه رو دیده بود.

The secretary didn't leave until she had typed the letters.

منشی تا همه نامه هارو تایپ نکرده بود، هیچ جا نرفت.

نکته۱: در برخی حالات می‌توان گذشته ساده را با مضمون گذشته کامل نیز استفاده کرد.

به دو جمله زیر دقت کنید:

After we had finished our conversation, we had dinner.
After we finished our conversation, we had dinner.

هردو جمله بدین معنا هستند که خوردن شام پس از اتمام بحث صورت گرفته.

نکته۲: وجود **before** درانتهای جمله می‌تواند نشانه زمان حال کامل یا گذشته کامل باشد.

چنانچه **before** در رابطه با زمان حال به کار رود، قبل آن حال کامل، و چنانچه در رابطه با زمان گذشته به کار رود فعل قبل از آن، گذشته کامل خواهد بود. **(قانون تطابق زمانها)**

I **am** sure that I have been there before. مطمئنم قبلا اونجا بودم

I **was** sure that I had been there before. مطمئن بودم که قبلا اونجا بودم

۸) گذشته کامل استمراری (Past Perfect Continuous)

فاعل + had been + فعل ing

عملی است که در گذشته قبل از عمل دیگری انجام شده و مدتی به طول انجامیده. این زمان نیز با کلمات زیر دیده می‌شود:

when, after, before, by then, all last (week/ night, yesterday…)

Sue had been studying Chinese in Tokyo. سو تو توکیو ژاپنی میخونده

I didn't know they had been working all yesterday.

نمیدونستم کل روز رو داشتن کار میکردن.

Mom had been cooking in the kitchen for an hour when we sat at the table.

تا نشستیم سرمیز، یه ساعتی میشد مامان تو آشپزخونه مشغول پخت و پز بود.

نکته مهم: چنانچه سوال مورد نظر به شکل استمرار به گذشته معینی برگردد، به شکل زیر پاسخ داده می‌شود:

Were you studying French in 1997? شما در سال ۱۹۹۷ فرانسه می‌خوندین؟

Yes, by then, I had been studying it for 2 years. آره، تا اون موقع دوسالی میشد میخوندم

تفاوت بین گذشته استمراری و گذشته کامل استمراری

دلیل کاربردی نبودن زمان گذشته کامل استمراری، شباهت زیاد آن به گذشته استمراری می‌باشد. همین امر موجب استفاده بیشتر آن نسبت به کامل استمراری شده است. با این حال تفاوتی جزئی بین این دو زمان وجود دارد.

به دو جمله زیر دقت کنید:

It was raining when we went out.
It had been raining when we went out.

گذشته کامل استمراری بر **اتمام عمل** در گذشته پیش از عمل دیگر تاکید دارد.

در حالی که **گذشته استمراری** به **دوام عمل**، که توسط یک گذشته ساده قطع می‌شود، تاکید دارد.

به عبارت ساده تر

در جمله اول هنگامی که ما بیرون رفتیم باران همچنان می‌بارید.

در جمله دوم باران قطع شده بود.

جهت بیان مدت زمان به شکل استمراری درگذشته، عموماً از گذشته کامل استمراری استفاده می‌شود.

We had been looking for the keys for 3 hours when Betty found them.

سه ساعت داشتیم دنبال کلیدا میگشتیم تا بِتی پیداشون کرد.

When I arrived, Lisa was reading a magazine.

منکه رسیدم، لیسا داشت مجله میخوند.

English for Eager Beavers

Part F

جای‌های خالی را با یکی از زمان‌های **گذشته** ساده، استمراری، کامل یا کامل استمراری پرکنید.

1. What …………………….. (do/you) at this time yesterday? I was asleep.
2. The boys were too tired because they ………… (play) soccer for 2 hours.
3. As we saw the result, we got extremely happy. We ………. (try) for it all last week.
4. Martha …………….... (watch) her favorite cartoon by the time mom arrived.
5. I ………………… (die) but a clever man saved my life.
6. The man slipped and fell down while he…………… (walk) across the street.
7. While I……….…….. (talk), she………………... (interrupt) me.
8. Where…………………... (you/be) all this morning? It's nearly midday.
9. Where……………. (you/be) this morning? I rang you up before midday.
10. We ……….. (understand) it after the teacher…………… (explain) it to us.
11. All the visitors………………… (leave) the hotel by 8 o'clock yesterday.
12. Leonardo told me that he……………… (never/be) to Africa.
13. Before Gabriel ………. (finish) talking, they shook hands and went away.
14. When I ……………… (see) her, she……………… (smile) at me.
15. When I looked out, I found it …………………… (snow) all night.
16. Sylvia…… (come) and ………. (eat) quickly then she got up and went out.
17. She ……………… (burst) into tears on hearing the tragic news.
18. When ……………… (ask/she) you about your job?
19. They………………… (pay) before I arrived.
20. When he was young, he……………… (like) collecting cards.
21. I didn't know that it ………………….. (rain/not) for over 10 months.
22. ……………….. (study)Thai for 6 years before she came here?

L L L

L L

L

l l l

l l

l

۹) آینده ساده (Simple Future)

فاعل + shall/will + شکل ساده فعل

الف) عملی که در آینده احتمالا انجام خواهد شد.

این زمان معمولاً با کلمات و عبارات زیر همراه می‌شود:

soon, in the future, tomorrow, next (week, year, month ...), (after + زمان آینده),

They will buy a new car next week.   هفته دیگه یه ماشین نو میگیرن
We'll stay there.   اونجا میمونیم

در قدیم از **shall** برای اول شخص مفرد و جمع(**I, we**) استفاده می‌شده و **will** برای سایر اشخاص به کار می‌رود. اما در گرامر امروزی از **will** برای تمامی اشخاص استفاده می‌شود.

She will hold the meeting soon.   بزودی جلسه رو برگزار خواهد کرد
Won't you go to him tomorrow?   فردا نمیری پیشش؟
Shan't you go to him tomorrow?

ب) جهت بیان امید، تردید، انتظارات و افکار مربوط به آینده از این زمان استفاده می‌شود. در چنین حالاتی معمولاً **will** بعد از افعال زیر به کار می‌رود.

believe	hope	be sure	doubt	be supposed	be afraid	expect	think
اعتماد داشتن	امید داشتن	مطمئن بودن	شک داشتن	گمان کردن	متاسف بودن	انتظار داشتن	فکر کردن

و همچنین قیودی که بیانگر احتمال باشند، مانند:

perhaps   شاید   possibly/ probably   احتمالا   definitely   قطعا

I expect they will come late.   انتظار دارم دیر کنن

ج) جهت پیشگویی در آینده با احتمال کم و تصمیم‌گیری در مورد کاری در لحظه گفت‌وگو.

Tomorrow's party will be exciting.   جشن فردا خیلی پر شور و هیجان میشه
Julia won't help me with my homework.   جولیا توی تکلیفام بهم کمکی نخواهد کرد
Oh! I forgot to call her. I will call her now.   اوه یادم رفت بهش زنگ بزنم. الان میزنم

نکته مهم: چنانچه تمهیداتی جهت انجام کار در آینده در نظرگرفته شده و احتمال وقوع آن نیز زیاد باشد، از ساختار **be going to** استفاده می‌کنیم.

She is going to visit Carlos at 6 p.m.   قراره ساعت ۶ کارلس رو ببینه
Are you going to go to the cinema with me?   با من قراره بیای سینما؟
Your patient is going to be alright.   مریض‌تون خوب میشه

چنانچه **was/were** با **going to** همراه شود تنها نشان دهنده قصد و نیت ما درگذشته بوده و حاکی ازآن است که هیچ کاری صورت نگرفته.

We were going to take a trip to the North, but then we called it off.

میخواستیم یه شمالی بریم که فعلا عقب انداختیمش.

از ساختار(فعل ساده + be to) برای وقایع رسما برنامه‌ریزی شده، استفاده می‌شود. کاربرد آن غالباً در گزارشات خبری می‌باشد و می‌توان با حال استمراری نیز آن را بیان کرد.

The king is **to visit/ visiting** Portuguese in August.

پادشاه درماه آگوست از پرتغال دیدن میکنه.

۱۰) آینده استمراری (Future Continuous)

فاعل + will be + فعل ing

الف) عملی که در زمان معینی از آینده به شکل مستمر ادامه خواهد داشت.

این زمان از فعل با (قید زمان + at) و یا (زمان حال+ when) همراه می‌شود.

I will be flying to Toronto at this time tomorrow. فردا این موقع توی راه تورنتو ام

We will be eating dinner when Chris comes. کریس که بیاد ما داریم شام میخوریم

ب) جهت بیان عملی که قبلاً برنامه‌ریزی شده و قرار است در آینده انجام شود.

She will be going to the city center. Do you want her to get you anything?

میخواد بره مرکز شهر. چیزی نمیخوای واست بگیره؟

ج) پرسش مودبانه در مورد برنامه‌های افراد.

Will you be using your motorcycle tomorrow? If not, may I borrow it please?

واسه فردا موتورت رو میخوای؟ اگه نه که میخواستم قرض بگیرم.

د) جهت بیان کاری که به صورت روزمره و تکراری انجام خواهد شد.

They will be studying in the library tomorrow evening. They always do it on Tuesdays.

فرداشب کتابخونه مشغولن. عادت روزای سه شنبه شونه.

ه) جهت بیان حدس و گمان درباره عملی که هم اکنون در حال انجام است.

Don't call her now. It's 4 o'clock, and she will be shopping for the party.

الان بهش زنگ نزن. ساعت چهاره و داره خرید میکنه.

و) جهت بیان تاکید برنزدیکی عمل به زمان حال در این مورد معمولاً کلمه soon (به زودی) به کار می‌رود.

She will be leaving for Turkey soon. بزودی عازم ترکیه میشه

تفاوت آینده ساده و آینده استمراری

به دو جملات زیر دقت کنید:

The band will play when the president enters.
The band will be playing when the president enters.

درجمله اول ابتدا رئیس جمهور وارد می‌شود سپس گروه موسیقی برنامه خود را اجرا می‌کنند.

اما در جمله دوم گروه موسیقی قبل از ورود رئیس جمهور برنامه خود را شروع خواهد کرد.

مثالی دیگر:

I will paint the wall next Monday.
I will be painting the wall next Monday.

در ساختار جمله اول فعلی در دوشنبه آینده انجام خواهد گرفت که برای گوینده بازه زمانی انجام آن فعل اهمیتی ندارد.

اما در ساختار جمله دوم برای گوینده استمرار فعل اهمیت دارد و گوینده می‌خواهد مخاطبش بداند که وی در بازه‌ای از روز دوشنبه آینده حتما درحال انجام خواهد بود.

نکته مهم۱) به تغییر معنایی دو فعل **see** و**hear** در ساختار آینده استمراری توجه کنید:

I'll be seeing you again. (I expect to meet you again) بعدا میبینمت

You will be hearing from us. (you'll get a communication from us)

بی خبر نمیزاریمت.

نکته مهم۲) آینده استمراری بیشتر می‌تواند تاحدودی معادل با ساختار **be going to** در نظر گرفته شود.

I'm going to see her tomorrow. We arranged it 3 days ago.

قصد دارم ببینمش. ۳ روز پیش قرار گذاشتیم.

I'll be seeing her tomorrow. I'll talk to her about it then.

حالا فردا میبینمش همون موقع هم در مورد اون موضوع باهاش حرف میزنم.

جهت استفاده از زمان آینده استمراری در زبان محاوره ازساختار **be going to be + ing** استفاده می‌شود.

I am going to be working all day tomorrow. فردا قصد دارم تمام روز رو کار کنم

Chapter 4: Verb   M.H.Zahedi

۱۱) آینده کامل (Future Perfect)

فاعل + will have + شکل سوم فعل

عملی که در آینده قبل از زمان تعیین شده ۱۰۰٪ **خاتمه** پیدا کند. در زبان فارسی چنین ساختاری وجود نداشته و به ماضی نقلی (present perfect) ترجمه می‌شود.

این زمان با ساختارهای مشخص شده در جملات زیر به کار می‌رود.

By tomorrow, we will have finished our drills.   تا فردا تکلیفامون تمومه

The airline will have taken off **in** 5 minutes.   ظرف پنج دقیقه هواپیما بلند شده

When daddy comes at 12, mom will have set the table.

بابا که ساعت دوازده بیاد، مامان میز رو چیده.

By the time we arrive, they will have left the office.   تا ما برسیم اونا از اداره رفتن

Will she have eaten her meal **by 7 o'clock**?   تا ساعت ۷ غذاشو خورده؟

Will Michael have spent all his money before the end of his holiday?

یعنی مایکل قبل از پایان تعطیلات همه پولاشو خرج کرده؟

Yes, he <u>will have</u>.   بله که کرده

۱۲) آینده کامل استمراری (Future Perfect Continuous)

فاعل + will have been + فعل ing

این زمان بر عملی دلالت دارد که در آینده آغاز و **تا نقطه معینی** از همان آینده ادامه داشته باشد و صرفاً طول مدت انجام کار مورد نظر است.

I will have been cleaning my room for 2 hours when Richard comes.

ریچارد که برسه من دوساعته دارم خونمو تر تمیز میکنم.

By the end of the year, we will have been living in this house for 6 years.

تا آخر سال، شیش ساله توی این خونه ایم.

In 10 minutes, it will have been raining for exactly 2 hours.

ده دقیقه دیگه میشه دو ساعت که داره بارون میاد.

Will they have been talking to each other for 1 hour by 5 o clock?

تا ۵، یه ساعته دارن حرف میزنن؟

In 7 months, they will have been repairing the bridge for two years.

هفت ماه دیگه میشه دوسال که دارن پل رو تعمیر میکنن.

By April, you will have been attending this class for 4 months.

تا آپریل، ۴ ماهه داری میای این کلاس.

تفاوت آینده استمراری و آینده کامل استمراری

با توجه به فعل **ing** در هر دو زمان که بیانگراستمرار عملی در آینده می‌باشد، تفاوت دراین است که آینده استمراری به روندِ عملی ناتمام اشاره دارد و آینده کامل استمراری به استمرار عملی که تا نقطه معینی از آینده به طول می‌انجامد.

She **will be doing** her stuff at this time tomorrow.

فردا این موقع داره کار و بارشو ردیف میکنه.

In one hour, I**'ll** still **be ironing** my clothes.

تا یه ساعت آینده من همچنان درگیر اتو کردن لباسامم.

When Joe finishes this course, he will have been learning English for 10 years.

جُو این درسم که بگذرونه میشه ده سال که زبان میخونه.

By next month, Harvey will have been working here for 3 years.

تا ماه دیگه میشه سه سال که هاروی اینجا مشغوله.

Chapter 4: Verb   M.H.Zahedi

Part G

جای‌های خالی را با یکی از زمان‌های **آینده** ساده، استمراری، کامل یا کامل استمراری پرکنید.

1. She .... (tell) him as soon as he returns.
2. I will come to you tomorrow to see what .... (you/ do) then.
3. They .... (wait) for you at the hotel at 10 tomorrow.
4. By the time we get to the airport, the plane .... (land).
5. How long .... (study) by lunchtime?
6. Our boss .... (hold) a business meeting next week.
7. I'm wondering what you............................ (do) when I come.
8. By 8 tonight, they .... (have) dinner.
9. By the time she arrives, I................... (sleep) on the sofa for 50 minutes.
10. .... (people/ be able) to fly by 4040.
11. Professor. Jones.............................. (teach) at 11 tomorrow.
12. .... (get) colder by next Saturday?
13. When .... (you/ give up) working with that company?
14. Does Pierson know that I .... (finish) my university by next year?
15. I think she............................... (hear) all about it by the time I see her.
16. Don't phone between 6 to 7 p.m. We............................ (sleep) then.
17. In half an hour, he........................ (talk) on the phone for 2 hours.
18. By next week, the professor.......................... (correct) all the papers.
19. The kids .... (not/do) their homework by the time their mothers arrive home.
20. In one minute, you........................ (stand) in front of me for 15 minutes.
21. .... (take) your driving license by October?

Part H

گزینه صحیح را انتخاب کنید.

1. ....a bag with ....?
   a) Do I need to bring/ myself   b) Do I need bringing/ me
   c) Do I need to bring/ me   d) Do I need to bring/ me
2. .... to work tomorrow?
   a) Must you to go   b) Do you have to go
   c) Are you having to go   d) Have you to go
3. An honest person always........... the truth.
   a) tells   b) tell   c) telling   d) telled
4. I'm really sorry to say that he often........... at games.
   a) is cheating b) cheat   c) was cheating d) cheats
5. I .... to wind the watch last night.
   a) have forgotten b) forgot   c) had forgotten d) was forgetting

6. The dentist works fast. She……….. your tooth before you realise it.
   a) will be extracted   b) will extract
   c) will have extracted   d) will have been extracting
7. What ……….. at 9 last Saturday?
   a) will you be doing   b) you were doing
   c) did you do   d) were you doing
8. During the last few weeks, I……….. very busy.
   a) was   b) am   c) was being   d) have been
9. During the last few weeks of his life, Mr. Miller………. very ill.
   a) has been   b) was   c) was being   d) would be
10. Since 1900, Europe………. a lot.
    a) changed   b) is changing c) has changed   d) was changing
11. When I asked my brother if he liked the job, he replied that he………. .
    a) has   b) does   c) did   d) has done
12. Marley mentioned that she….. tennis again as soon as her foot was better.
    a) plays   b) would play c) used to play   d) has played
13. She used to visit us every week but she……….. now.
    a) rarely came b) comes rare c) has rarely come   d) rarely comes
14. He lives near the park, but Lincoln………. .
    a) not   b) doesn't live c) doesn't   d) isn't
15. Wendy got the highest grade in the exam last week. Then she …… hard.
    a) must work   b) should work
    c) should have worked   d) must have worked
16. The machine doesn't work. It…….. for years.
    a) worked   b) works   c) has been working   d) is working
17. The roof fell off while I ……… out of the window.
    a) look   b) looking   c) was looking   d) will look
18. He was dead anxious about what he ………. .
    a) was hearing b) had just heard c) has just heard d) is hearing
19. It …… . Put on your boots.
    a) was snowing b) is being snowed c) is snowing   d) snows
20. Before the electricity goes out, I hope they……….. the bridge.
    a) will have been crossing   b) will have crossed
    c) will cross   d) will have had crossed

Chapter 4: Verb

Turn the sentences into English, please.

۱. دوستم تو خوابگاه صبح زود بیدار می‌شد.

۲. دزدا نتونستن به بانک نفوذ کنن.

۳. اجازه میدین در رو ببندم؟

۴. بعد اون همه ورزش حتماً خسته ای.

۵. جلسه تا کِی طول کشید؟ تا حدود چهار و نیم.

۶. با پولی که بهت دادم میخوای چیکار کنی؟

۷. فردا این موقع داری چیکار می‌کنی؟ پس فردا چی؟

۸. کی اسباب کشی می‌کنین؟ ایشالا دوشنبه آینده میریم خونه جدید.

۹. مطمئن باش که امروز تا آخر وقت همه کارا رو انجام دادیم.

۱۰. تا برسیم اونجا، اونا از هتل رفتن.

۱۱. آقای رابینسون چکارته؟ خدا حفظشون کنه.

۱۲. پنج دقیقه دیگه میشه یه ساعت که دارم تدریس می کنم.

۱۳. تا آخر ماه همه مسافرا از شهر رفتن.

۱۴. ازش پرسیدم پول خرد همراهش داره یا نه.

۱۵. دیشب موقع خواب جام بد بود. همین شد که الان تمام تنم درد میکنه.

۱۶. وقتی می رفتیم شمال تو هتل اقامت می کردیم.

۱۷. قبلا اصلا پرواز نکرده بود.

۱۸. تا اومدنِ شما اتوبوس رفته بود.

۱۹. زنگِ در رو زدم اما جوابی نشنیدم.

۲۰. موقع ناهار بارون میومد.

English for Eager Beavers

M M M

M M

M

m m m

m m

m

Question Tag

متمم پرسشی درآخر جملات، هنگامی که بخواهیم مطلبی را مورد تایید شنونده قرار دهیم به کار می‌رود. مطابق با زمان فعل اگر جمله مثبت باشد دنباله سوالی منفی، و چنانچه جمله منفی باشد دنباله سوالی مثبت می‌شود.

That suit **is** expensive, **isn't** that?	این کت و شلوار گرونه ها
I **was** always late, **wasn't** I?	همش دیر می رسیدم، نه؟
We **are not** teachers, **are** we?	ما که معلم نیستیم، هستیم؟
She **can** cook well, **can't** she?	دستپختش که خوبه
He **has** passed the exam, **hasn't** he?	امتحانش رو که قبول شد، مگه نه؟
You **are** my friend, **aren't** you?	تو که دوست منی، نیستی؟

در صورتی که در جمله اول فعل کمکی وجود نداشته باشد از **do** و یا **does** استفاده می‌شود.

She always **wears** a hat, **doesn't** she?	همیشه کلاه سرش میکنه، درسته؟
You **know** English well, **don't** you?	انگلیسیت خیلی اوکیه، درست میگم؟
You and I **talked** together, **didn't** we?	ما که باهم حرف زدیم، اینطور نیست؟
Spanish ladies **don't** wear hats so much, **do** they?	خانوم های اسپانیایی خیلی اهل کلاه سرکردن نیستن، درسته؟

توجه: چنانچه جمله دارای دو فعل کمکی باشد، **فعل کمکی اول** متمم پرسشی قرار می‌گیرد.

She **will** have to go with them, **won't** she?	مجبور میشه باهاشون بره، نه؟
He**'s not** so stupid as he looks, **is** he?	اونقدرام که به نظر میاد کودن نیست، مگه نه؟

جهت استفاده از دنباله سوالی رعایت دو شرط الزامی است:

۱. دنباله پرسشی مورد نظر باید به شکل مخفف باشد. درغیر این صورت، دنباله سوالی نادرست است.

correct: I know you, **don't** I? **incorrect:** I know you, do not I?

منکه میشناسمت، نه؟

۲. چنانچه در جمله اصلی نام شخص برده شده باشد، در دنباله سوالی ضمیر مناسب به کار می‌رود، نه اسم شخص.

Monica is your ex-wife, isn't **she**? مانِکا همسر سابقته، مگه نه؟

Mr. Gips and his wife have been to California over and over, haven't **they**?

آقای گِپس و همسرش همش میرن کالیفرنیا، نه؟

James ate a lot, didn't **he**? جیمز خیلی خورد، نخورد؟

کلمات زیر، جمله را منفی می‌کنند و چنانچه درجمله به کار روند، دنباله سوالی مثبت خواهد بود.

few, scarcely, seldom, never, hardly, little, rarely

Few people participated in the meeting, **did** they?

فقط یه چند نفری توی جلسه شرکت کردن، نه؟

He **scarcely** smokes, **does** he? چی بشه یه سیگاری بکشه، مگه نه؟

We **can** **hardly** learn French, **can** we?

ما که چی بشه بتونیم فرانسه یاد بگیریم، نه؟

در دنباله پرسشی استثنائاتی وجود دارد. به جملات زیر دقت کنید:

* Open the window, **will you**? در رو باز کن، میشه؟
* I'm an instructor, **aren't I**? من مدرّسم، نیستم؟
* Let us go out, **will you**? بزار بریم بیرون، میشه؟
* Let's go out, **shall we**? بریم بیرون، اوکی؟

نکته مهم: اگر در جمله **there is/are** وجود داشت، در متمم پرسشی عیناً همان تکرار می‌شود.

There are a lot of cars outside, **aren't there**? کلی ماشین بیرونه، نیست؟

There isn't so much noise in the saloon, **is there**? خیلی هم سروصدا توی سالن نیست

چنانچه ضمیردر دنباله پرسشی با کلمات زیر همراه شود، به **they** تبدیل می‌شود.

no/anybody, no one, none, neither, either, everybody, somebody, someone

Somebody has taken my wallet, haven't **they**? یه نفر کیف پولم رو بلند کرده، مگه نه؟

One shouldn't be scaredy-cat, should **they**? آدم نباید اینقد ترسو باشه،درسته؟

Nobody lives in this house, do **they?** کسی توی این خونه زندگی نمی‌کنه، میکنه؟

نکته بسیار مهم

چنانچه در ابتدای جمله‌ای مرکب از think/ suppose/ guess/ know, ... که عموما با ضمیر I بکار می‌روند استفاده شود، متمم پرسشی از جمله بعدی تبعیت می‌کند. تنها اثر جمله نخست بر متمم پرسشی، مثبت یا منفی بودن آن است و نقش اصلی را فاعلِ بعد با صرف نظر از مثبت یا منفی بودن، بر روی دنباله پرسشی ایفا می‌کند.

به مثالهای زیر دقت کنید:

I think **she can't** make it, can she? فک کنم از پسش برنیاد، میاد؟

I know **she has** two children, doesn't she? میدونم دوتا بچه داره، نداره؟

She doesn't guess **anyone will** come, will they? فک نمیکنم کسی بیاد، یا نه؟

They don't suppose **Mark is** deligent, is he? فکر نمیکنم مارک سفت کوش باشه، هست؟

کاربرد عبارات کوتاه به جای جملات اصلی

هنگامی که مطلب ذکر شده در یک جمله مثبت درباره فاعلی، در مورد شخص یا فاعل دیگر نیز صدق کند، پس از ذکر جمله مثبتِ اول، جمله دوم را مانند نمونه کوتاه می‌کنیم و افعال کمکی را به جای افعال اصلی استفاده می‌کنیم.

I like apples, and **so** does **she**.
I like apples, and **she** does **too**.

در جملات مثبت مطابق با زمان مورد نظر، سه فرمول وجود دارد:

He will come, and **so** will **Lucy**.
She can speak English, and **I** can **too**.

A: She always laughs at me. **B:** So do I.
A: We are always hungry. **B:** So is she.
A: He decided not to smoke anymore. **B:** Frank did too.
A: Nikki likes her brother. **B:** I do too.
A: Garry is happy. **B:** Me too.

در جملات منفی نیز سه ساختار وجود دارد:

A: She's not hungry. **B:** Neither am I. **B:** Nor am I.
A: Jackie doesn't like pasta. **B:** I don't either.
A: I haven't travelled abroad. **B:** She hasn't either.
A: I don't want to sleep. **B:** Me neither.

در مواردی جهت نشان دادن عدم توافق خود، می‌توان با قراردادن کلمه **but** چه در جمله مثبت و چه منفی، از تکرار کل جمله خودداری کرد.

I have finished my work, **but** she hasn't. من کارامو تموم کردم، ولی اون نه

Nina cannot speak English well, **but** her friend can.

نینا نمیتونه خوب انگلیسی حرف بزنه، ولی دوستش می‌تونه.

James can't jump higher than Morgan, **but** I can.

جِیمز نمی‌تونه از مُرگِن بلند تر بپره، ولی من می‌تونم.

افعال کمکی در مقایسه با صفات و قیود

در مقایسه صفات و قیود می‌توان از افعال کمکی به عنوان فعل جانشین استفاده کرد که در صورت حذف این افعال (که عموماً حذف می‌شوند) جمله همچنان صحیح می‌باشد.

Mary runs faster than I. (do)
Larry can ride better than he. (can)
They are prettier than she. (is)

Chapter 4: Verb   M.H.Zahedi

Part I

کلمات زیر را با دنباله پرسشی کامل کنید.

1. I needn't wear a hat, ...?
2. Buy her a new coat, ... ?
3. You had better stay here, ...?
4. Neither of them was tall, ...…..?
5. All the boys and girls complained, ...…..?
6. She had been a bit late, ...…..?
7. I have never been to Moscow, ...…….?
8. I'm your brother, ...…..?
9. They had to do it, ...?
10. You and I met Mr. Silver, ...…..?
11. Arlo is on holiday, ...?
12. I shouldn't have driven fast, ...…..?
13. That is not Oscar over there, ...…..?
14. Let us carry your heavy suitcase, ...?
15. Let's go Dutch, ...?
16. There's a lot of work to do, ...…..?
17. Martin has a beautiful car, ...…..?
18. She'd rather drink soda, ...…..?
19. Nothing was mentioned, ...…?
20. John'd heard your voice, ...?
21. I hardly came late, ...…?
22. We barely know you, ...…..…..?
23. You'd scarcely expect her to know that, ...?

Part J

گزینه صحیح را انتخاب کنید.

1. Rick can speak German, and ....
   a) I do too   b) so can I   c) so I can   d) neither can I
2. Peggy would like to buy an expensive doll, ...
   a) wouldn't Peggy b) didn't she   c) wouldn't she   d) won't she
3. David has never tried a new cuisine, ...?
   a) hasn't he   b) didn't he   c) hasn't David   d) has he
4. Alexandra is not present, ...?
   a) I'm not too   b) I'm not neither   c) nor am I   d) neither I am
5. The men were not well-dressed in the party, ...
   a) neither were the women   b) neither weren't women
   c) nor were the women   d) a & c

6. A: "Will you have finished paintings the house by next Saturday?"
B: "No, ……………."
a) I won't have b) I haven't c) I won't d) I won't finish

7. Everyone can learn how to drive, ...?
a) can't he b) can't she c) can't people d) can't they

8. I went to visit an uncle of mine, ...?
a) my friend went too b) so did my friend
c) my friend so too d) nor did my friend

9. He likes rhubarbs, ………….
a) I do too b) so I do c) I like too d) I like either

10. You had had enough money before the thief stole your wallet, ……?
a) didn't you b) hadn't have you c) hadn't you d) didn't have you

Turn the sentences below into English, please.

۱. رژیم که نداری؟

۲. این فیلم رو که ندیدی، دیدی؟

۳. اون خانوم دکتره، مگه نه ؟

۴. گَری پنیر میخوره، نه؟

۵. حداقل یه لیوان آب که میتونی واسم بیاری، یا اونم نه؟

۶. نیکِلس میخواد ازدواج کنه، درسته؟

۷. من به سختی میتونم راه برم. "منم همینطور."

۸. از خارج متنفره. همسرش هم همینطور.

۹. ما که تصادفو دیدیم، ندیدیم؟

۱۰. من لندن زندگی نمیکنم ولی کاترین چرا.

۱۱. جورج نمی تونه اسپانیایی حرف بزنه. خب من که میتونم.

۱۲. بچه سارا خیلی شیطونه. بچه منم شیطونه.

۱۳. خانواده رابینسون اینا نیومدن مهمونی ، اِدوارد هم نیومد.

۱۴. کارشناس هوا گفت هوانسبت به دیروز بدتر میشه، نگفت؟

۱۵. این که برادر من نیست، هست؟

Chapter 4: Verb

𝒩 𝒩 𝒩

𝒩 𝒩

𝒩

𝓃 𝓃 𝓃

𝓃 𝓃

𝓃

English for Eager Beavers

Conditional Sentences

جملات شرطی انواع مختلفی دارند؛ شرطی نوع صفر، یک، دو، سه و ترکیبی.
این دسته از جملات معمولاً از دو بخش تشکیل می‌شوند: **if clause** و **result clause**.
به عبارت دیگر، بخشی از جمله که با **if** شروع می‌شود **if clause** و آن بخش که فاقد **if** می‌باشد، **main clause** نامیده می‌شود.

If you study hard, **you will pass** the exam.

اگه شدید درس بخونی، امتحانو قبول میشی.

توجه: در جمله بالا **if clause** در ابتدای جمله قرارگرفته و بعد از ویرگول (**comma**) عبارت اصلی (**main clause**) به کار رفته است.

چنانچه **main clause** و **if clause** جابجا شوند، علامت ویرگول حذف می‌شود.
You will pass the exam if you study hard.

شرطی نوع صفر (Conditional type 0)

چنانچه از قوانین و قواعد ثابت درجهان صحبت شود، از شرطی **نوع صفر** استفاده می‌کنیم.

If + simple present, simple present

If you heat ice, it melts.	به یخ که حرارت بدی، آب میشه
If you don't open your eyes, you don't see.	اگه چشمات رو باز نکنی که نمی‌بینی
If you turn off the cooler, it gets warm.	کولر رو خاموش کنی، گرم میشه
Water becomes solid if you freeze it.	اگه آب رو سرد کنی، یخ میزنه
If you drop the pen, it falls.	اگه خودکار رو ول کنی، میوفته
If you heat metal, it expands.	به فلز که حرارت بدیم، منبسط میشه

نکته ۱: چنانچه جواب شرط، امر باشد **if clause** و **main** نیز، هر دو زمان حال خواهند بود.
If you are tired, go to bed.   خسته ای برو بخواب خب

نکته ۲: اگر جواب شرط سوالی(**why**) باشد، از **will** و **would** استفاده نمی‌شود.
If you are sick, why don't you see a doctor?   اگه مریضی که چرا نمیری دکتر؟

شرطی نوع یک (Conditional type 1)

بیشترین احتمال وقوع عمل دراین نوع از شرط می‌باشد، که جهت بیان احتمالات در زمان حال و آینده استفاده شود.

If + simple present, simple future

If you shout, the baby will wake up. داد بزنی، بچه بیدار خواهد شد

Will she go on a picnic if it doesn't rain? اگه بارون نیاد، به گردش خواهد رفت؟

If they ask him, he will tell the truth. اگه ازش بپرسن، حقیقت رو خواهد گفت

If it gets cold tomorrow, we will stay home. اگه فردا سرد بشه خونه خواهیم موند

You won't pass the exam if you don't study hard.

خوب درس نخونی، امتحان رو قبول نخواهی شد.

نکته بسیار مهم: **will** درمقایسه با **be going to** وشکل **ing** درحال استمراری، هنگامی که در مورد احتمال انجام کاری سخن می‌گوییم، کمترین احتمال را دارد.

درحالیکه در جملات شرطی **will** بیشترین احتمال ممکن را دارا می‌باشد.

به جملات زیر دقت کنید:

I will wash my car tonight. **(I only mentioned)**

ایشالا امشب ماشینمو میشورم.

I'm going to wash my car tonight. **(decided to do)**

امشب دیگه ماشینمو میشورم.

I'm washing my car tonight. **(absolutely certain)**

امشب صددرصد ماشینمو میشورم.

نکات مفید در مورد شرطی نوع ۱

۱) ساختار دیگری که به عنوان شرطی نوع یک ممکن است به شمار رود، ساختار **be going to** بجای **will** می‌باشد که در این ساختار تمرکز بر روی نتیجه کار است و همانطور که اشاره شد پافشاری و قاطعیت بیشتری را دارا می‌باشد.

If you don't tell her the truth, she's going to break up with you.

حقیقت رو بهش نگی، باهات قطع رابطه خواهد کرد.

Linda is going to marry if David stays away from her.

اگه دیوِد بیخیالش شه، لِندا ازدواج میکنه.

۲) استفاده از **modal verbs** به جای **will** که خود به عنوان یکی ازافعال کمکی نیز استفاده می‌شود.

If you do your job properly, you can go to the party.

کارتو درست انجام بدی، جشنم میتونی بری.

If you don't pass the test, you may not hang out with your friends.

امتحانتو قبول نشی، حق نداری با دوستات بری بیرون.

She should see the doctor if she feels sick. بهتره یه دکتر بره اگه رو فُرم نیست

نکته: در جمله شرطی گاها ممکن است از جمله امری به جای شرط استفاده شود.

Come late once more, then you'll be expelled.

تو فقط یه بار دیگه دیر بیا، اونوقت اخراجی.

تفاوت شرطی نوع یک و صفر

در شرطی نوع صفر، در هر دو قسمت از جمله شرطی حال ساده به کار می‌رود و به شخص یا چیز خاصی اشاره نداشته و در بردارنده یک مفهوم کلی است.

چنانچه در شرطی نوع یک در بخش **if clause** حال ساده و **main** آینده ساده به کار رود، مقصودِ جمله، اشاره به شخص یا مورد خاصی می‌باشد.

If you eat too much fast and junk food, **you gain** weight.

از آنجایی که به طور کلی مصرف زیاد فست فود و هله هوله باعث افزایش وزن می‌شود، در چنین جمله‌ای که **you** به کار برده شده به شخص خاصی دلالت ندارد بلکه منظور every body می‌باشد.

If you eat too much fast and junk food, **you will gain** weight.

در این جا مقصود از **you** شخص خاصی می‌باشد.

توجه:

به طورکلی آینده ساده تنها در بند اصلی مورد استفاده قرار می‌گیرد اما دو استثناء وجود دارد:

۱) عملِ همراه شونده می‌تواند با **if** بعد از **main clause** بکار رود.

If aspirin will ease my headache, I will take one now.

اگه آسپرین سردردم رو خوب می‌کنه که الان یکی می‌خورم.

۲) زمانی که معنای تمایل داشتن یا لطف کردن باشد نیز **will/would** معنی آینده ندارند.

If you will let me know from you, I will be grateful.

اگه لطف بفرمایین از حالتون باخبرم کنین خیلی ممنونتون میشم.

شرطی نوع دوم (Conditional type 2)

از این نوع شرطی عموما برای بیان مسائل تخیلی، رویایی و غیرواقعی استفاده می‌کنیم.

تفاوت آن با شرطی نوع یک، تنها ضعیف بودن احتمالِ وقوع عمل می‌باشد.

If+ simple past, would + simple form

If I had a million dollars, I would travel to the moon.

اگه یک میلیون دلار داشته باشم، میرم کُره ماه.

If it rained, we wouldn't go on a picnic. اگه بارون بیاد، دیگه نمیتونیم بریم گردش

Julia would come if I called her. اگه به جولیا زنگ بزنم، میاد

If humans had wings, they would fly. اگه انسانها بال داشتن ، پرواز میکردن

If I were a girl, I would go there. اگه دختر بودم، می رفتم اونجا

If Max was older, he could play in that team.

اگه مَکس جَوون تر بود، میتونست تو اون تیم بازی کنه.

نکته: به جای **would** می‌توان از **might, should, could** نیز استفاده کرد.

If Richard tried harder, he could win the match.

اگه ریچارد بیشتر تلاش کنه، مسابقه رو برده.

You might see me if you came to the office this morning.

امروز صبح بیای اداره، منو میبینی.

If I had a huge amount of money, I should establish a charity.

اگه یه پول قلمبه داشته باشم، یه خیریه میزنم.

جمله شرطی نوع سوم (Conditional type 3)

جمله شرطی نوع سه را شرطی ممتنع می‌نامند چرا که احتمال وقوع عمل غیرممکن است.

If + past perfect, would have + p.p

If it had rained yesterday, we would have stayed home.

اگه دیروز بارون میومد، خونه می موندیم.

If Annie hadn't slept enough, she wouldn't have done her job well.

اگه آنی به اندازه کافی نخوابیده بود، نمی تونست کارشو به خوبی انجام بده.

If Max had told me about his problem, I would have helped him.

اگه مکس در مورد مشکلش بهم گفته بود، کمکش میکردم.

He wouldn't have had an accident if he hadn't driven fast.

اگه تند رانندگی نمی کرد، تصادفم نمیکرد.

نکته: به جای **would** از **could/ might** نیز استفاده می‌شود.

If she hadn't reminded me of the matter, I might have forgotten it.

اگه یادم ننداخته بود، پاک یادم رفته بود.

I could have stayed home if you had told me. اگه بهم گفته بودی، خونه میموندم

تفاوت بین could have p.p و would have p.p

could have p.p برای زمانی است که آن عمل اصلا اتفاق نیوفتاده باشد و با افسوس و پشیمانی همراه باشد.

would have p.p برای زمانی است که عمل تحت هیچ شرایطی نمی‌توانسته اتفاق بیوفتد.

I could have travelled around the world, but I never got a passport.

میتونستم برم دنیا رو بگردم ولی اصلا پاسپورت نداشتم.

I would have called, but I had to work.

میخواستم زنگ بزنم، اما مجبور بودم کار کنم.

تفاوت بین شرطی نوع ۲ و ۳ در یک نگاه

type 2: If it rained, I would get wet. اگه بارون بیاد، خیس میشم (سر پناهی ندارم)

type 3: If it had rained, I would have got wet. اگه بارون اومده بود، خیس میشدم

type 2: If I were you, I wouldn't do it. اگه بجات باشم، اینکارو نمی‌کنم

type 3: If I had been you, I wouldn't have done it. اگه بجات بودم اینکارو نمی‌کردم

همانطور که گفته شد، در جملات شرطی نوع دوم احتمال تغییر وضعیت وجود دارد اما شرطی نوع سه، امکان تغییر وضعیت نبوده و فقط افسوس و پشیمانی به دنبال دارد.

نکته بسیار مهم:

همانطور که گفته شد، افعال کمکی از قبیل ... ,can/could, will/would/ may/ might با معانی متفاوتی می‌توانند بجای هم بکار روند که گاها فرمول و ساختارهای جملات شرطی را نیز برهم می‌زنند و نسبت به میزان احتمال (may/ might)، یک قابلیت یا پتانسیل (can/ could)، عملی از پیش تعیین شده (be going to) و یا صحبت از آینده (will/ would) بکار می‌روند.

If she **reveals** the matter, we might get into trouble.

اگه قضیه رو لو بده احتمالا تو هچل میوفتیم.

If I **call** her, **would** I finally be able to meet her? اگه زنگ بزنم، دیگه میتونم ببینمش؟

If Daryl goes, he might/could/may/will/ 's going to kill them. دِرِل بره، کشتتشون

were to در بند if

عبارت فعلی **were to** که از نوع دو بوده گاهی درجملات شرطی هنگامی که نتیجه محتمل یا غیرمحتمل، وحشتناک و غیر قابل تصور باشد، استفاده می‌شود.

If I were to be sick, I would miss another day of work.

قرار به مریض شدنم باشه، یه روز کاری دیگه م از دست میدم.

نکات مهم

۱) در مواقعی جمله شرط مربوط به گذشته می‌باشد ولی نتیجه آن در حال حاضر حاصل می‌شود. در چنین وضعیتی جمله **if** نوع سوم و جواب شرط نوع دوم می‌باشد. (mixed conditionals)

If you had saved that money last year, you would buy that camera now.

اگه پارسال پولاتو جمع کرده بودی، الان میتونستی دوربینه رو بگیری.

If they hadn't helped me, I would be dead now. کمکم نکرده بودن، الان مُرده بودم

If she had planted wheat last year, she would harvest this year.

اگه پارسال گندم کاشته بود، امسال میتونست برداشت کنه.

۲) گاهی می‌توان در شرطی نوع دوم و سوم حرف ربط **if** را حذف کرد و به جمله شکل سوالی داد.

If it rained, she would go out.
Rained it, she would go out.

اگه بارون بیاد، میره بیرون

If I were you, I would help him.
Were I you, I would help him.

بجات باشم، کمکش میکنم

If my friend had bought a present for me, I would have kissed her.
Had my friend bought a present for me, I would have kissed her.

اگه دوستم واسم کادو گرفته بود، یه بوسش میکردم.

۳) اگر فعل مورد نظر در **if clause** با **should** همراه شود، جمله شرطی نوع یک بوده و در این صورت جواب شرط به صورت حال یا آینده خواهد بود.

توجه: جمله شرط هنگامی با **should** به کار می‌رود که احتمال انجام عمل در آینده بسیار ضعیف باشد.

If you should run out of money, I'll give you some.

اگه احیانا پولت ته کشید، من هستم.

◈ در این حالت که **should** در جمله شرطی قرار دارد می‌توان مانند نوع دوم و سوم **if** را حذف کرد.

◈ Should you run out of money, I'll give you some.

در جملات شرطی می‌توان به جای **if** از کلمات زیر استفاده کرد:

when	وقتی که	unless	مگه اینکه
as soon as	به محض اینکه	until	تا که
supposing	به فرض آنکه	even if	حتی اگه
on the condition that	به شرط آنکه	otherwise	وگرنه
whether or not	آره یا نه	as long as	تا زمانیکه
in case	در صورتی که	lest	مبادا

They will lend you the money on the condition that you look after it.

بهت پول رو قرض میدن، فقط به شرطی که مراقبش باشی.

She won't be trustworthy as long as she backbites.

تا وقتی که حرف بقیه رو میزنه نمیتونه قابل اعتماد باشه.

He will finally make it even if he fails. بلاخره انجامش میده حتی اگه شکست بخوره

When he comes, I will tell him. وقتی بیاد، بهش میگم

He ran away lest he should be seen. در رفت که مبادا دیده شه

مهم: اگر **unless** در جمله مثبت بکار رود، معادل **if....not** و اگر در جمله منفی بکار رود برابر **if** مثبت است.

You will pass the exam unless you don't work hard.
You will pass the exam if you work hard. اگه سفت تلاش کنی، امتحان رو قبول میشی

You will fail the exam unless you work hard.
You will fail the exam if you don't work hard.

امتحان رو میوفتی، مگه اینکه سفت تلاش کنی.

Chapter 4: Verb M.H.Zahedi

Part K

شکل صحیح کلمات داخل پرانتز را در جای خالی بنویسید.

1. If she were me, she…………….. earlier. (wake up)
2. ………………….. me, she would have greeted me. (she/ know)
3. If the weather is fine this morning, we…………..……. (play)
4. If her brother were here, he …………………….what to do. (know)
5. …………………... mad if he had heard that? (he/go)
6. If the town had been built at a lower altitude, it…………..a lot warmer. (be)
7. If you tell the truth, they ………………….. you.(forgive)
8. Gabriel won't succeed unless he………………….. hard. (study)
9. Gabriel will succeed unless he……………..….. hard (study)
10. If I………………... a long ladder, I would have repaired the roof. (have)

Part L

گزینه صحیح را انتخاب کنید.

1. They will go tomorrow unless it………. too cold.
   a) was   b) were   c) isn't   d) is
2. If it………., we would be much surprised.
   a) snows   b) snow   c) were to snow   d) b & c
3. …………..soon, show him my office.
   a) If he arrived   b) If he should arrive
   c) Should he arrived   d) b & c
4. I……….. if you hadn't woken me up.
   a) would still have been sleeping   b) would still be asleep
   c) was sleeping   d) would still be sleeping
5. If there were any hot water, he ……….. a bath now.
   a) was having   b) had   c) would have   d) will have
6. But for the cursed fog, we …………… our destination long ago.
   a) would reach   b) will have reached
   c) would have reached   d) reached
7. The plane will fly unless it……….. foggy.
   a) is   b) isn't   c) will be   d) won't be
8. ……………, he would have answered the phone.
   a) Were he in   b) Had he been in
   c) Had he had been in   d) If he had to be in
9. If you go to Switzerland, where ……….?
   a) you stay   b) you will stay   c) will you stay   d) would you say

10. If you saw somebody drowning, what............?
a) what will you do   b) would you do   c) did you do   d) you did

11. You might have got a seat, ... 10 minutes earlier.
a) had you arrived   b) if you would have arrived
c) if you arrived   d) would you have arrived

12. I may go to New York tomorrow.
a) If I go, I'll buy you the shirt.
b) If I went, I would buy you the shirt.
c) If I will go, I buy you the shirt.
d) If I had gone, I would have bought you the shirt.

13. Mary and Jack.............. to the meeting if their father let them
a) will come   b) would come   c) have come   d) had come

14. I'd have certainly helped if I.......... the least information about it.
a) had had   b) had have   c) had   d) would have had

15. If Petroleum......... discovered, much of our present way of life would have stopped.
a) wasn't   b) hadn't   c) hadn't been   d) weren't been

16. If you probably hear from him.......... me know please.
a) let   b) you will let   c) will let   d) can let

17. If she had lost her glasses, she wouldn't............ able to read.
a) been   b) has been   c) have been   d) have had been

18. I was sick yesterday, and I stayed home.
a) If I'm not sick, I'll attend my class.
b) If I weren't sick, I attend my class.
c) If I hadn't been sick, I would have attended my class.
d) If I won't be sick, I will attend my class.

19. If he has recently turned on the heater, the room........... warm now.
a) must be   b) was   c) were   d) would be

20. My colleagues would be able to help you if you........... here.
a) is   b) were   c) had been   d) been

Chapter 4: Verb

Turn the sentences below into English, please.

۱. اگه یه ریزه شعور داشت این کارو نمی کرد.

۲. مگه بارون بیاد و گرنه که باغچه رو آب میدم.

۳. اگه ماشینمو بفروشم، یه ماشین نو خواهم خرید.

۴. اگر ماشینت تو کویر خراب بشه، چیکا می‌کنی؟

۵. باور کن هفته پیش اگر میدونستم بیمارستانی حتماً میومدم دیدنت.

۶. گرسنه نبودم اگه بودم یه چیزی گیر می‌آوردم و می‌خوردم حتماً.

۷. حیف انگلیسی بلد نیستی. اگه بلد بودی حرف میزدیم.

۸. فردا اینجام مگه اینکه چیزی بشه.

۹. مردم معمولا خونه هاشونو بیمه می‌کنن که مبادا آتش‌سوزی بشه.

۱۰. اسمتون رو یادداشت کردم مبادا یادم بره.

۱۱. هرچی ببینه بهت میگه.

۱۲. من انگلیسی نمیفهمم مگه اینکه یواش حرف بزنی.

O O O

O O

O

o o o

o o

o

Wish

فعل **wish** برای بیان آرزو در یکی از زمانهای حال، آینده و یا گذشته به کار می‌رود.

۱. اگر **wish** در زمان حال و آینده به کار رود، فعل پس از آن گذشته ساده خواهد بود.

I wish you could drive a car. کاش میتونستی رانندگی کنی

I wish Rebecca were here today. کاش امروز ربکا اینجا بود

She wishes they could visit each other tomorrow. آرزو کرد کاش میشد فردا همو ببینن

Paul wishes he were swimming now. پاول گفت کاش الان شنا میکردم

۲. چنانچه **wish** در زمان گذشته به کار رود، فعل پس از آن به صورت ماضی بعید می‌باشد.

I wish you had talked to me yesterday. کاش دیروز باهام حرف زده بودی

He wished he had done it before. آرزو کرد کاش قبلا انجامش داده بود

She wished she hadn't behaved in that way. آرزو کرد کاش اونطوری رفتار نکرده بود

گاهی فعل پس از **wish** را در زمان آینده همراه با **would** به کار می‌برند.

این حالت در موارد زیر به مد نظر می‌باشد:

۱. عملی که مکرراً یا اکثر اوقات اتفاق می‌افتد وگوینده درآرزوی تغییر وضعیت برای آینده است.

Rodriguez is always late. I wish he would come early tonight.

رادرِگز همیشه دیر میاد. کاش یه امشبو دیگه زود بیاد.

Jonathan never helps his sister with her homework. I wish he would help her.

جانثِن هیچوقت به خواهرش در انجام تکالیفش کمک نمی‌کنه. کاش کمکش کنه.

۲. عملی که هم اکنون در حال انجام بوده و گوینده همچنان آرزوی تغییر وضعیت را دارد.

Garry is driving too fast. I wish he would slow down.

گَری گازشو گرفته. کاش یکم یواش تر بره.

۳. برای بیان آینده، در وضعیت آب و هوا و همچنین قیمت‌ها که در این حالت فاعل **would** غیر انسان است.

It is snowing. I wish it would stop snowing. داره برف میاد. آخ که ای کاش بند بیاد

It's getting late. I wish the plane would fly sooner.

داره دیر میشه. کاش هواپیما زودتر پرواز کنه.

The prices have gone up lately. I wish they would come down a bit.

این اواخر قیمتا رفته بالا. کاش یکم بیاد پایین.

توجه: هرگاه **would** پس از **wish** به کار رود باید فاعل **would** با فاعل **wish** متفاوت باشد. زیرا فعل بعد از **would** به اراده گوینده نیست بلکه به اراده فاعل خودش است. بنابراین، در چنین مواردی به جای **would** از **could** استفاده می‌کنیم.

I wish I could fly a plane. کاش میتونستم هواپیما برونم

He can't play the violin well. He wishes he could play the violin well.

بلد نیست وایولن بزنه. آرزو می‌کنه کاش می‌تونست.

نکته مهم: هرگاه **wished** در جمله‌ای به کار رود، فعل پس از آن تغییری نمی‌کند و درهمان زمانی که هست باقی می‌ماند.

correct: When I went to London, I wished I knew English.

وقتی رفتم لندن، آرزو کردم کاش انگلیسی بلد بودم.

incorrect: When I went to London, I wished I **had known** English.

استثناء

تنها در یک صورت فعل پس از **wished** به عقب برمی‌گردد. آن هم در صورتی که در جمله علائمی از گذشته باشد. آنگاه فعل پس از **wished** یک زمان به عقب برمی‌گردد.

Whenever there was an iceberg, we **wished** the radar **had shown** it **before**.

هربار که به یه توده یخ برخوردیم، آرزو کردیم ای کاش قبلش رادار نشونش داده بود.

نکته مهم: پس از **wish** ممکن است بلافاصله فعل همراه **to** به کار رود که در این صورت **wish** به معنای (خواستن/ تمایل داشتن) می‌باشد و هیچ ربطی به فعل آرزو ندارد.

I wish to visit my parents today evening. میخوام امروز عصر برم دیدن پدر و مادرم

عبارات فرضی

عباراتی وجود دارند که مانند **wish** بیانگر آرزو، شک و تردید هستند.

الف) عبارت **if only** که همانند **I wish** می‌باشد.

If only she were here, but she isn't. کاش اینجا بود، ولی چه کنیم که نیست

ب) **as if = as though** گویا/ مثل اینکه

این دو عبارت که معادل یکدیگر هستند، هنگامی که عمل مورد نظر با حقیقت مغایرت داشته باشد به کار می‌روند. به همین دلیل فعل پس از هر یک از این دو عبارت، به شکل گذشته ساده یا گذشته کامل می‌باشد.

The criminal treated as if (as though) nothing had happened.

مجرم طوری برخورد کرد انگار هیچی نشده.

توجه: گاهی این دو عبارت به گونه ای به کار می‌روند که عمل برخلاف واقعیت نیست که در این صورت فعل مورد نظر به صورت حال یا آینده به کار می‌رود.

It seems as if I'm his servant! انگار من نوکر دست به سینه شم

It looks as though it's going to rain. انگاری میخواد بارون بیاد

ج) همانطور که گفته شد اگر پس از **would rather** بلافاصله فعل به کار رود، بدون **to** خواهد بود و چنانچه فاعل به کار رود، فعل به زمان گذشته ساده تبدیل می‌شود.

I would rather drink some tea. مایلم کمی چای بخورم

I would rather she drank some tea. کاش یکم چایی میخورد

د) اگر بعد از **It's time** بلافاصله فعل به کار رود، فعل مورد نظر با **to** همراه خواهد بود و چنانچه فاعل به کار رود، به شکل گذشته ساده بکار می‌رود.

It is time to sleep. وقت خوابه It is time Terry slept. تِری این موقع میخوابید

این عبارت به صورت **It's about time** و گاهی **It's high time** نیز به کار می‌رود.

It's about time/ high time I did my homework. من این موقع کار و بارمو ردیف میکردم

نکته مهم: تفاوت **hope** و **wish** در این است که wish عدم توانایی گوینده را نشان می دهد و فعل پس از آن همیشه گذشته س، در حالیکه فعل پس از hope حال و گاهی آینده می‌باشد.

I wish Justin were here. کاش جاستِن اینجا بود

I hope you (will) learn something new. امیدوارم یه چیزی جدید یاد بگیری

Part M

شکل صحیح افعال داخل پرانتز را در جای خالی بنویسید.

1. Dave wishes he…………….. German. (know)
2. I wish you…………….... me, but I know you won't. (tell)
3. Her husband has no money to lend. She only wishes he……………..... . (have)
4. It looks as if Harry wishes he …………..... enough time to buy a car. (have)
5. Bill threw the bag away. Now he wishes he………..it. (keep)
6. If only they ……….. the answer, but they don't. (know)
7. It is high time……….. dinner. (serve)
8. I wish today…….. Saturday. (be)
9. He talks as though he …….. all about the matter. (know)
10. They have to leave tomorrow. I wish they………..to leave. (not/ leave)

Part N

گزینه صحیح را انتخاب کنید.

1. I'm sorry I bought it. I wish I……….. it.
   a) I didn't buy   b) hadn't bought
   c) haven't bought   d) wouldn't buy
2. She didn't pass the exam. She wishes she………. harder.
   a) had worked   b) would work
   c) worked   d) have worked
3. When I was young, I wished I………..an airplane.
   a) had   b) had had   c) have had   d) would have
4. Mr. Thompson wishes he………….. able to help the poor who didn't have anything to eat.
   a) was   b) were   c) had been   d) has been
5. She said" I wish I knew your address".
She said that she wished she………... my address.
   a) had known   b) would know c) knew   d) knows
6. Mick's mother is ill. I wish his mother……….. better.
   a) had felt   b) feels   c) felt   d) has felt
7. Last week, a thief found the opportunity to steal my bicycle. I wish he…………..the chance.
   a) couldn't have   b) hasn't had   c) didn't have   d) hadn't had
8. It was a time I………. I…..... to climb Mount Everest.
   a) wished/ had been able   b) wish/ had been able
   c) wish/ would be able   d) wished/ would be able

۱۴۴

Chapter 4: Verb M.H.Zahedi

Turn the sentences below into English, please.

۱. ای کاش دولت یه فکری به حال این جَوونا می‌کرد.

۲. اگه فقط می تونستم کمکت کنم، ینی عالی میشد.

۳. کاش مایکل سیگاری نمیشد.

۴. کاش جریان رو دیروز واسم تعریف کرده بودی.

۵. پدر و مادرم خیلی مُسِنَن. کاش جَوون تر بودن.

۶. کاش امروز امتحان داشتیم.

۷. کِی بشه تو انقدر سر کلاس چُرت نزنی.

۸. دیشب تنها بودم. کاش یه چیزی واسه خوندن میداشتم.

P P P

P P

P

p p p

p p

p

Subjunctive Mood

به دو جمله زیر دقت کنید:

The tour leader recommended that we be at the lobby at 8 a.m.

راهنمای تور بهمون توصیه کرد ساعت ۸ توی لابی باشیم.

I insisted that she tell me the story. اصرار کردم داستان رو واسم تعریف کنه

در جملات فوق افعال **tell** و **be** به صورت التزامی به کار رفته‌اند. در وجه التزامی نه تنها تطابق زمان رعایت نمی‌شود بلکه فعل بدون **to, ing** و یا شکل گذشته و هر چیز دیگری برای کلیه اشخاص به کار می‌رود.

نکته: وجه التزامی ممکن است به صورت مجهول نیز به کار رود. **(be + p.p)**

کاربرد وجه التزامی، جهت بیان شک و تردید می‌باشد.

They advised that she be admired. سفارش کردن ازش تکریم شه

متداول ترین افعال و عباراتی که پس از آنها وجه التزامی به کار می‌رود به شرح زیر می‌باشد:

demand (that)	تقاضا کردن	It is imperative (that)	دستور است
request (that)	درخواست کردن	suggest (that)	پیشنهاد کردن
It is important (that)	مهم است	recommend (that)	توصیه کردن
It is necessary (that)	لازم است	advise (that)	نصیحت کردن
It is vital (that)	حیاتی است	propose (that)	پیشنهاد کردن
urge (that)	خواستن	anxious (that)	نگران بودن

پس از افعال suggest و recommend گاهی جمله با **should** همراه می‌شود.

Michael suggested that his friend see a doctor.

Michael suggested that his friend **should** see a doctor.

مایکل به دوستش توصیه کرد بره پیش یه دکتر.

Part O

جای خالی را با استفاده از جملات داخل پرانتز کامل کنید.

1. It is crucial that a car ……………..…… (wait) for the boss when the meeting is over.

2. The company asked that employees……………(not/ accept) personal phone calls during business hours.

3. He recommended that Susan ………………… (hire) immediately.

4. They made a suggestion that we ……………….... (be) early.

5. It was essential that the army…………….... (not attack) rapidly.

6. The boss recommended that he…………….. (join) the company.

7. It is vital that no one else ……….…..(know) about the secret government operation

8. Christine demanded that I ………….. (allow) to take part in the negotiations.

9. He requested that the meeting …………….. (not/ finish) before 8:00 p.m.

10. It is important that she …………….. (be) home when the guests arrive.

11. The movie director insisted that everything about his production ………….. (be) authentic.

12. I urged that she ……………….(not/ go) to the concert.

Turn the sentences below into English, please.

۱. مهمه که بچه بره مدرسه.

۲. بابا پیشنهاد کرد بریم مسافرت.

۳. نگران بودیم همه مریض شن.

۴. معلم توصیه کرد ساعت ۵ تو مدرسه باشیم.

۵. والدین اصرار دارن بچه ها شب زود بخوابن.

۶. لازمه قبل صبحانه دارو رو بخورین.

۷. کارمندا تقاضا دارن عصرا نرن سرکار.

۸. خیلی مهمه جَوونا زبان خارجی بیاموزن.

۹. پناهنده ها درخواست کردن اقامت دائمی بهشون داده شه.

۱۰. راننده تقاضا کرد مسافرا تو اتوبوس سیگار نکشن.

۱۱. مدیر مدرسه اصرار داشت دانش آموزا تو کلاس صحبت نکنن.

۱۲. رئیس پیشنهاد کرد برای اطلاعات بیشتر باهاشون در تماس باشه.

۱۳. آزمون خواسته شد که از قفل بودنِ در مطمئن شیم.

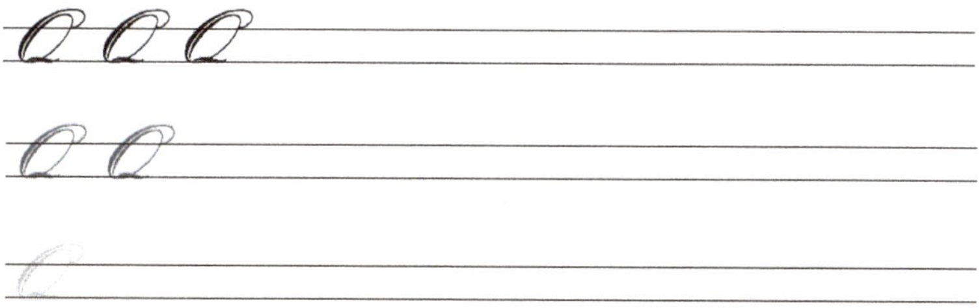

Chapter 4: Verb   M.H.Zahedi

English for Eager Beavers

Infinitives and Gerunds

مصدر و اسم مصدر هر دو می‌توانند به عنوان فاعل درآغاز جمله قرار بگیرد.

Learning Japanese is difficult.   To learn Japanese is difficult.

امروزه این شکل رایج است:

It is difficult to learn Japanese.   یادگیریِ زبان ژاپنی سخته

a) To speak Chinese is difficult.   a) To cut down the trees is a shame.
b) It is difficult to speak Chinese.   b) It is a shame to cut down the trees.

کاربرد دو فعل متوالی در جمله

جهت مشخص شدن تکلیف فعل دوم درجمله‌ای که دو فعل پشت سر هم بکار می‌روند، افعال را گروه بندی می‌نماییم.

گروه۱: هرگاه فعلی پس از افعال کمکی بکار رود، فعل بعد به شکل ساده خواهد بود.

can, could, will, would, shall, should, may, might, must, do, does, did, would rather, used to, have to, has to, had better

I would rather walk.   ترجیح میدم قدم بزنم
It may rain tomorrow.   احتمال زیاد امروز بارون بیاد
You should respect your elders.   باید به بزرگترت احترام بزاری
We must go now.   باید همین الان بریم

گروه۲: اگر فعلی بلافاصله بعد از افعال زیر قرار گیرد، با ing همراه خواهد بود.

admit	پذیرفتن	finish	تمام کردن	stop	دست کشیدن
appreciate	قدردانی کردن	imagine	تصور کردن	suggest	پیشنهاد کردن
avoid	دوری کردن	keep	ادامه دادن	be used to	عادت داشتن
consider	در نظر داشتن	mind	اهمیت دادن	get used to	خو گرفتن
delay	تاخیر کردن	miss	از دست دادن	look forward to	چشم به‌راه‌بودن
deny	انکار کردن	postpone	به‌تاخیر انداختن	be busy	مشغول بودن
dislike	خوش نداشتن	resist	مقاومت کردن	be worth	ارزش داشتن
enjoy	لذت بردن	risk	به خطر انداختن	be no use	بی فایده بودن
can't help	ناگزیر بودن	quit	ترک کردن	practice	تمرین کردن

I finished studying about ten.   حدود ۱۰ مطالعه‌م تموم شد
He avoids answering my questions.   از پاسخ به سوالات من دوری میکنه
The film is worth seeing.   فیلمه ارز(ش) دیدن داره

۱۵۰

اسم مصدر در موارد زیر بکار می‌رود:

الف) پس از حروف اضافه — They went out **after having** dinner.

ب) پس از s' مالکیت — I didn't like John**'s talking** to me.

ج) پس از No ممنوعیت — **No** smoking.

د) پس از صفات ملکی — Excuse **my being** late.

ه) به عنوان فاعل در آغاز جمله — **Smoking** is dangerous to your health.

گروه۳: افعالی که بلافاصله بعد از آنها فعل با to بکار می‌رود.

agree to	موافقت کردن	hope to	امیدوار بودن	refuse to	خودداری کردن
offer to	پیشنهاد کردن	plan to	در نظر داشتن	seem to	به نظر رسیدن
want to	خواستن	intend to	قصد داشتن	appear to	ظاهر شدن
would like to	میل داشتن	decide to	تصمیم گرفتن	pretend to	وانمود کردن
promise to	قول دادن	need to	نیاز داشتن	ask to	تقاضا کردن
expect to	انتظار داشتن				

I hope to see you again. — به امید دیدار مجدد

He decided to repair the car. — به فکر تعمیرِ ماشین افتاد

She promised not to be late. — قول داد دیگه دیر نکنه

گروه۴: افعالی که پس از آنها اسم یا ضمیر می‌آید و سپس فعل با to بکار می‌رود.

tell s.b to	گفتن	require s.b to	لازم داشتن
advise s.b to	توصیه کردن	order s.b to	دستور دادن
encourage s.b to	تشویق کردن	force s.b to	مجبور کردن
remind s.b to	یادآوری کردن	ask s.b to	تقاضا کردن
invite s.b to	دعوت کردن	expect s.b to	انتظار داشتن
permit s.b to	رخصت دادن	would like s.b to	میل داشتن
allow s.b to	اجازه دادن	want s.b to	خواستن
warn s.b to	مطلع کردن	need s.b to	احتیاج داشتن
cause s.b to	موجب شدن	teach s.b to	درس دادن
forbid s.b to	ممنوع کردن		

The teacher advised his students to work harder.

معلم از دانش آموزاش خواست بیشتر تلاش کنن.

She taught her children not to tell a lie. — به بچه هاش یاد داد که دروغ نگن

She ordered them to be quiet. — دستور داد ساکت باشن

افعال زیر را می‌توان مانند گروه ۳ و یا ۴ بکار برد.

ask, want, beg, would like

I want to stay here. میخوام اینجا بمونم

I want you to stay here. ازت میخوام اینجا بمونی

گروه۵: افعال زیر چه با ing و چه با to تفاوتی ندارند و تغییر چندانی در معنا رخ نمی‌دهد.

start/begin	شروع کردن	try	سعی کردن
hate	نفرت داشتن	cease	متوقف ساختن
continue	ادامه دادن	love/ like	دوست داشتن

نکته بسیار مهم: اگر دو فعل **love** و **like** به شکل نادرست بکار روند، معنا کاملا عوض می‌شود.

I **like/love** swimming = I enjoy swimming.

I **like/love** to swim = I want to swim.

چند نکته مهم که بسیارحائز اهمیت اند:

- پس از افعال **let, help, make** مصدر بدون **to** بکار می‌رود، اما اگر همین افعال به شکل مجهول بکار روند با **to** همراه می‌شوند.

(**تنها استثناء let می‌باشد** که در هرحالتی فعل دوم **بدون to** می‌باشد).

What made you say that? آخه چی مجبورت کرد اون حرفو بزنی؟

My father let me drive the car. بابام بهم اجازه رانندگی داد

He helped me carry the package. کمکم کرد بسته رو حمل کنم

They made us work on holidays. **(active)** وادارمون کردن روزای تعطیلم کار کنیم

We were made to work on holidays. **(passive)** وادار شدیم روزای تعطیلم کار کنیم

The children were made to clean their own rooms. **(passive)**

بچه ها موظف شدن اتاقاشونو تمیز کنن.

She was helped to find the solution to the problem. **(passive)**

واسه حل مشکل بهش کمک شد.

- پس از افعال **permit** و **allow** اگر مفعول بیاید، با **to** در غیر این صورت با **ing** بکار می‌رود.

The instructor allowed Christopher to leave the classroom.

معلم به کِرِستوفِر اجازه ترک کلاس رو داد.

The instructor doesn't allow speaking in the class.

معلم اجازه نمیده تو کلاس صحبتی باشه.

ـ پس از افعال **go** و **come** اگر فعل بعد به فعالیت بدنی دلالت کند به شکل **ing** ودرغیراین صورت با **to** بکار می‌رود.

They went <u>fishing</u> yesterday. دیروز رفتن ماهیگیری

They went <u>to sleep</u> upstairs. رفتن طبقه بالا بخوابن

ـ پس از افعال **remember** و **forget** اگر فعل دوم قبلا انجام شده باشد، به صورت **ing** و اگر قرار است بعدا انجام شود با **to** خواهد بود.

I'll never forget flying in a helicopter. هیچوقت پرواز با هلیکوپترو یادم نمیره

Don't forget to buy some bread on the way home. یادت نره تو راه خونه چنتا نونم بگیری

پرواز قبلا انجام شده است اما نان بعدا باید خریداری شود.

ـ جهت استفاده از فعل **prefer** به سه الگوی زیر توجه کنید.

a) I prefer <u>tea</u> to <u>coffee</u>.
b) I prefer <u>walking</u> to <u>running</u>.
c) I prefer <u>to walk</u> rather than <u>run</u>.

ـ پس از افعال زیر معمولا کلمه پرسشی آمده و سپس مصدر با **to** به کار می‌رود.

find out	پی بردن	understand	فهمیدن
discover	کشف کردن	explain	توضیح دادن
learn	یاد گرفتن	show	نشان دادن
wonder	سردرگم بودن	know	دانستن

Do you know <u>how</u> to ride a motorcycle? بلدی چجوری موتور سواری می‌کنن؟

He explained <u>how</u> to pronounce words. چگونگی تلفظ کلمات رو توضیح داد

I don't know <u>what</u> to do. نمی‌دونم چیکا کنم

Perfect Infinitive

مصدر کامل **(to have + p.p)** در دو مورد بکار می‌رود:

الف) عملی که قبل از زمان فعل جمله به وقوع پیوسته.

I'm glad to have done my work. از انجام کارم خوشحالم. (کارم را قبلا انجام داده‌ام)

He looks to have slept well. به نظر خوب خوابیده

ب) عملی که درگذشته انجام نشده است.

We <u>intended to have stayed</u> there longer می‌خواستیم بیشتر اونجا بمانیم. (ولی نموندیم)

He <u>hoped to have come</u> earlier. امیدوار بود زودتر بیاد اینجا. (ولی نیومد)

English for Eager Beavers

Continuous Infinitive

عملی که در لحظه انجام فعل اصلی، درحال اتفاق افتادن است.

You seem to be listening to the news.   به نظر که داری اخبار گوش میدی

نتیجه‌گیری بحث

افعال انگلیسی پنج دسته‌اند:

۱) افعالی که فعل پس از آنها بصورت ساده بکار می‌رود. (گروه ۱)
۲) افعالی که فعل پس از آنها بصورت **ing** بکار می‌رود. (گروه ۲)
۳) افعالی که پس از آنها مصدر با **to** بکار می‌رود. (گروه ۳)
۴) افعالی که فعل پس از آنها با فاصله‌ی اسم یا ضمیر بصورت مصدر با **to** بکار می‌رود. (گروه ۴)
۵) افعالی که پس از آنها مصدر و یا اسم مصدر بکار می‌رود. (گروه ۵)

فشرده بحث

هرگاه دو فعل بصورت متوالی یا با فاصله اسم و ضمیر پس از یکدیگر قرار گیرند، فعل دوم یکی از سه حالت زیر را خواهد داشت:

الف) مصدر بدون **to**   ب) مصدر با **to**   ج) اسم مصدر

Stative Verbs

هرگاه پس از افعال حسی، مفعول به صورت اسم یا ضمیر بکار رود، فعل بعد به شکل **ساده** و یا **ing** ظاهر می‌شود.

به دو جمله زیر توجه کنید:

* I saw him **cross** the street.   به شکل کامل   رد شدنش (رو از خیابون دیدم
* I saw him **crossing** the street.   لابه لای ماشین‌ها دیدمش

افعال حسی که به درک و حواس ما مربوط می‌شوند:

see, hear, watch, observe, notice, feel, listen to, look at, find, smell
We watched the passengers get (getting) off the bus.

دیدیم که مسافرا از اتوبوس پیاده میشن.

I found the criminal run (running) away.   من دیدم جنایتکاره داشت فرار میکرد

و چنانچه در شکل مجهول بکار روند، فعل بعد از آنها با **to** و یا به شکل **ing** می‌آید.

The man was seen walking along the street.   یه یارو حین قدم زدن تو خیابان، رویت شد
He was felt to be ill.   طوری حس شد که انگار مریضه

Chapter 4: Verb

Part P

گزینه صحیح را انتخاب کنید.

1. Would you mind………..the door?
   a) opening   b) to open   c) my open   d) if open
2. The manager suggested…………….to the conference, but nobody agreed.
   a) to go   b) go   c) that go   d) going
3. It's no use………….to dad. He's dead angry with me.
   a) talking   b) to talk   c) talk   d) if talk
4. One of the best ways to enhance a foreign language is to practice………..it.
   a) to speak   b) speak   c) speaking   d) and speaking
5. A guard was left…….the prisoner.
   a) to watch   b) watch   c) watching   d) that watch
6. I'm looking forward………….you again.
   a) to see   b) to seeing   c) seeing   d) for seeing
7. My mom hates……..fast.
   a) to drive   b) driving   c) drives   d) from driving
8. Keep…….. . You'll succeed undoubtedly.
   a) to try   b) try   c) and try   d) trying
9. Please, excuse my……… late to the party.
   a) come   b) to come   c) coming   d) came
10. I asked my roommate……….some bread on the way back.
    a) buy   b) that he buys c) to buy   d) buying
11. Can you imagine………….on the moon? That's magnificent!
    a) to live   b) living   c) lived   d) live
12. The guide said that……….in that area was prohibited.
    a) smoked   b) to smoke   c) smoke   d) smoking
13. A: How did you find the film?
    B: I believe it's worth………….
    a) seeing   b) to see   c) see   d) sawing
14. We know that…….. English fluently needs a lot of practice.
    a) speak   b) to speak   c) speaking   d) spoken
15. An uncle of mine is used…….hot tea.
    a) to drinking b) to drink   c) drinking   d) drink
16. Did you go …..your cousin last week?
    a) seeing   b) for seeing   c) to see   d) see
17. ………….the guitar requires skills.
    a) To playing b) Play   c) Played   d) Playing
18. They went………last Tuesday.
    a) to fish   b) fish   c) fishing   d) for fish
19. What made you ………. that?
    a) do   b) doing   c) to do   d) did

20. I didn't like Tom's……….towards his wife there.
a) talking   b) talked   c) to talk   d) that talked
21. You were supposed………..before you act.
a) think   b) to think   c) thinking   d) to thinking
22. She was made………her tasks again.
a) do   b) doing   c) to do   d) did
23. I usually go to the North in the summer because I like…….in the sea.
a) to bath   b) bathe   c) bathing   d) bathed
24. The little girl is said………..very clever.
a) be   b) being   c) was   d) to be
25. A: Where's Rosy?
  B: She's busy………..the flowers.
a) watering   b) to water   c) water   d) watered
26. Reading without……….is useless.
a) understand   b) understanding
c) to understand   d) understood
27. I decided…………the job properly.
a) do   b) doing   c) to do   d) that I do
28. Maria devoted herself to nursing and………. her aged parents.
a) help   b) helping   c) to help   d) helped
29. It is important for her………….this course.
a) finish   b) finishing   c) to finish   d) that finish
30. Did you remember……….. fruits for your auntie?
a) to buy   b) buy   c) buying   d) that buy
31. If your heart stops………….., you will die.
a) beat   b) to beat   c) of beating   d) beating
32. Most little girls love……..with dolls.
a) to play   b) playing   c) played   d) play
33. Are you interested in………with us?
a) work   b) to work   c) working   d) to working
34. He promised………it again.
a) not doing   b) not do   c) that not do   d) not to do
35. The people in England have got used…………on the left.
a) to driving   b) to drive   c) to drive   d) driving
36. I prefer walking…………….. .
a) to run   b) to running   c) rather running   d) than running
37. It was hard for him………ten hours a day.
a) working   b) work   c) to work   d) worked
38. I'm considering………….a trip to Europe next summer.
a) take   b) to take   c) that take   d) taking

Chapter 4: Verb — M.H.Zahedi

39. The director is planning……………to the conference tomorrow.
 a) not go   b) not going   c) not to go   d) that doesn't go
40. Father is busy………… a letter. Don't disturb him.
 a) write   b) to write   c) writing   d) writes
41. The motorist stopped here and there………….for the direction.
 a) to ask   b) asking   c) ask   d) that ask
42. The teacher explained how………. that math problem.
 a) solve   b) to solve   c) solving   d) solved
43. It's better to avoid………….. during rush hours.
 a) travelling   b) travel   c) to travel   d) of travelling
44. They had to postpone………abroad because their son was ill.
 a) to go   b) going   c) go   d) went
45. My grandpa has to finish ……….. . He is 91.
 a) smoking   b) to smoke   c) to smoking   d) a & b

Turn the sentences into English, please.

۱. اشکالی نداره پنجره رو ببندین؟

۲. تمیز کردن آشپزخونه رو تموم کردم.

۳. مارک پیشنهاد کرد بریم سینما.

۴. مثه اینکه وزن کم کردی.

۵. تو فکرمونه یه شمالی بریم.

۶. تا به حال زندگی کردن تو آفریقا رو تصور کردین؟

۷. تصمیم گرفتم تاکسی بگیرم.

۸. به نظر میرسه راه طول و درازی رو درپیش داریم.

۹. قول داد دیگه دیر نکنه حالا شما ببخشش.

۱۰. یادت نره درو قفل کنی.

۱۱. چرا سعی کردی از پاسخ دادن به سوالات طفره بری؟

۱۲. موافقت کرد با من بیاد.

۱۳. منکه نمیخواستم برم مهمونی. سارا وادارم کرد.

۱۴. اجازه ندین بچه ها فیلم ترسناک و خشن ببینن.

۱۵. زن جَوون دزدیدن پول رو انکار کرد بعد مدتی، مَرده قبول کرد که پولو دزدیده.

۱۶. وقتی مریض شد، دخانیاتو گذاشت کنار.

۱۷. انتظار داریم داداشم تابستونِ دیگه بیاد ایران.

۱۸. یادم بنداز سر راه خونه، چندتا تخم مرغ بگیرم.

۱۹. به دوستم توصیه کردم پیشمون بمونه.

۲۰. تامو دیدم سوار ماشین شد و رفت.

۲۱. دیدم کاترین کار میکرد ها، میخوای صداش کنم؟

۲۲. نشنیدم کسی زنگ در رو بزنه.

۲۳. دیدی ماشین بیوفته تو درّه؟

۲۴. فرُودُو رو در حالی دیدم که زیر درختی نشسته بود.

۲۵. متوجه شدی کسی بره بیرون؟ نه. خودتم متوجه نشدم اومدی داخل.

۲۶. بوی سوختنی میاد!

۲۷. گوش کن به پرنده هایی که آواز میخونن.

۲۸. بچه هارو دیدیم که داشتن فوتبال بازی میکردن.

۲۹. نمیشنوی بچه داره گریه میکنه؟

۳۰. دختر پسرارو ببین توی باغ دارن بازی میکنن.

۳۱. پلیسا جاسوس رو حین شام خوردن تو یه رستوران گرفتن.

۳۲. گفتم شنیدم کسی بهم سلام میکنه ها! عه، تو بودی؟

۳۳. من خودم دیدم که دزده از نردبون میرفت بالا.

R R R

R

R

r r r

r r

r

Active & Passive

جمله معلوم: نهاد آن فاعل (کننده کار) است.

جمله مجهول: نهاد آن مفعول است.

Mr. Hamilton painted the house last week. **(active)**

هفته پیش آقای هَمِلتِن خونه رو رنگ زد.

The house was painted last week by Mr. Hamilton. **(passive)**

هفته پیش خونه توسط آقای هَمِلتِن نقاشی شد.

جهت تبدیل جمله معلوم به مجهول:

۱. مفعول جمله را در ابتدای جمله مجهول قرار می‌دهیم و چنانچه مفعول، ضمیر باشد، آن را به ضمیر فاعلی تبدیل می‌کنیم.

۲. فعل **to be** را مطابق با زمان جمله معلوم بکار می‌بریم.

۳. اگر فاعل جمله معلوم مورد نظر باشد، آن را با حرف اضافه **by** درانتهای جمله مجهول بکار می‌بریم.

The police took him to prison.	پلیس بردش زندون
He was taken to prison by the police.	او توسط پلیس به زندون برده شد

نکته مهم :

استثنائاتی هست که در آن فعل **to be** وجود ندارد اما جمله مجهول تلقی می‌شود. چنین جملاتی عموما به کمک فعل **get** ساخته می‌شوند.

I really got confused.	منکه واقعا گیج شدم
Just don't get yourself killed.	حالا خودتو به کشتن ندی

جدول زیر کلیه زمان‌های معلوم و مجهول را نشان می‌دهد.

زمان	معلوم	مجهول	معنی مجهول
حال ساده	They steal it	It is stolen	دزدیده می‌شود
حال استمراری	They're stealing it	It is being stolen	در حال دزدیده شدن است
حال کامل	They have stolen it	It has been stolen	دزدیده شده است
حال کامل استمراری	They've been stealing it	میزان استفاده: 0%	----------------
گذشته ساده	They stole it	It was stolen	دزدیده شده
گذشته استمراری	They were stealing it	It was being stolen	دزدیده می‌شد
گذشته کامل	They had stolen it	It had been stolen	دزدیده شده بود
گذشته کامل استمراری	They'd been stealing it	میزان استفاده: 0%	----------------
آینده ساده	They will steal it	It will be stolen	دزدیده خواهد شد
آینده استمراری	They'll be stealing it	میزان استفاده: 0%	----------------
آینده کامل	They'll have stolen it	It will have been stolen	تا اون موقع دزدیده خواهد شد
آینده کامل استمراری	They'll have been stealing	میزان استفاده: 0%	----------------

به نمونه های مختلف مجهول توجه کنید:

(Active)	(Passive)
They can help us.	We can be helped.
I may see him.	He may be seen.
He has to finish the book.	The book has to be finished.
I want you to do it for me.	I want it to be done for me.
Did you count the money?	Was the money counted?
Where did you find it?	Where was it found?
Open the window.	Let the window be opened.
I made him go there.	He was made to go there.
Who wrote the letter?	By whom was the letter written?
I wrote him a letter.	He was written a letter. A letter was written to him.
Father bought a bicycle for me.	I was bought a bicycle. A bicycle was bought for me

Part Q

جملات مجهول زیر را کامل کنید.

	Active	Passive
حال ساده	Jimmy opens the window.	The window is opened by Jimmy.
حال استمراری	Jimmy is opening the window.	The window ……………..opened by Jimmy.
حال کامل	Jimmy has opened the window.	The window ……………..opened by Jimmy.
گذشته ساده	Jimmy opened the door.	The window ……………..opened by Jimmy.
گذشته استمراری	Jimmy was opening the window.	The window ……………..opened by Jimmy.
گذشته کامل	Jimmy had opened the window.	The window…………. opened by Jimmy.
آینده ساده	Jimmy will open the window.	The window ……………..opened by Jimmy
آینده ساده	Jimmy is going to open the window.	The window……………..opened by Jimmy.
آینده کامل	Jimmy will have opened the window.	The window ……..………opened by Jimmy.

Part R

جملات زیر را به مجهول تبدیل کنید.

1. Many talented engineers are going to build the new school next week.
2. When did someone invent the lamp?
3. Translators have translated Scripture into many languages.
4. Someone made this valuable car in 1800.
5. Someone should tell Joel the news instantaneuosly.
6. People grow corn in Toronto.
7. I haven't seen our son-in-law yet.
8. Mrs. Green should have sent the letter last night.
9. I can't understand this issue.
10. Did the mechanic repair your car?
11. The workers are repairing the pipes.
12. I gave him the money.
13. Alice had returned the book to the library.

Chapter 4: Verb
M.H.Zahedi

Part S

گزینه صحیح را انتخاب کنید.

1. The engine …………a lot of electricity every day.
   a) is used   b) uses   c) is using   d) has used
2. Mice……………in the lab for many years.
   a) are studied   b) has been studied   c) have been studied   d) study
3. The new house……… yesterday.
   a) bought   b) was bought   c) was buying   d) had bought
4. Persian…………all over our country.
   a) speaks   b) is speaking   c) is spoken   d) spoke
5. Ms. Anderson's vehicle …………..in front of the mall.
   a) is parked   b) parked   c) was park   d) was parking
6. In two years, all the land……….. .
   a) will be selling b) has been sold c) will be sold   d) will sell
7. Carpets………. from Iran.
   a) are exported   b) export   c) are exporting   d) exported
8. You………. the questions in English.
   a) are answered   b) must answer
   c) must be answered   d) can be answered
9. The film……….at the moment.
   a) shows   b) will show   c) can show   d) is being shown
10. The butter …………. in the fridge.
    a) kept   b) is keeping   c) is kept   d) keeps
11. The exam papers ……………. by the teacher.
    a) corrected   b) are being corrected
    c) are correcting   d) correct
12. The parcel should ……….by Frank last week.
    a) had posted   b) have posted
    c) have been posted   d) had been posted
13. A beggar………. near the park yesterday evening.
    a) was found   b) found   c) will find   d) has been found
14. Does your driving license…………..?
    a) renewed   b) have to renewed
    c) have to be renewed   d) has to be renewed
15. I've heard that Rona is going to……… another promotion.
    a) be giving   b) be given   c) given   d) give
16. Years ago, girls……….. from attending school.
    a) prevented   b) were prevented
    d) were preventing   d) had been preventing
17. The house …………. at the moment.
    a) is being cleaned b) cleaned   c) is cleaning   d) a & b

18. Each year, thousands of calendars..........at the beginning of the new year.

a) are published   b) published

c) have been published   d) are publishing

19. George........... to Las Vegas by the company in August.

a) will send   b) can send

c) may have sent   d) might be sent

20. I............. fooled by his tricks again.

a) may have   b) will have   c) won't be   d) have

Turn the sentences below into English, please.

۱. این خونه پارسال ساخته شد.

۲. همه دیوارا و پنجره ها باید تمیز بشن.

۳. نصف شبی همه مون از صدای بلند بیدار شدیم.

۴. ما که به مهمونی دعوت نشدیم.

۵. نگران نباش، ماشین زیر تعمیره.

۶. هزاران دانشجو هرسال به دانشگاه ها پذیرفته میشن.

۷. وقتی رسیدیم خونه، همه کارا انجام شده بود.

۸. معما باید توضیح داده شه.

۹. تا فردا تصمیمی گرفته نخواد شد.

۱۰. دوست ندارم امر و نهی بشم.

۱۱. بیشتر سطح زمین از آب پوشیده شده.

۱۲. بیشترِ تصادفا با بی احتیاطی به وجود میان.

۱۳. تو میدونی شیشه چجوری درست میشه؟

۱۴. ده ها نفر تو جنگ کشته شدن.

۱۵. تا حالا زنبور گزیدتت؟

۱۶. باید دیروز ماشین شسته میشد.

۱۷. قبل ازینکه دیر بشه، باید یه کاری کرد.

۱۸. وقتی مریض به بیمارستان برده میشد، تصادف شد.

۱۹. خونه قبل از رسیدن مهمونا تمیز شده بود.

S S S

S S

S

s s s

s s

s

English for Eager Beavers

Direct & Indirect Speech

نقل قول مستقیم: هنگامی که گفته‌ی خود یا شخص دیگری را بدون کوچکترین تغییر نقل کنیم، که بین علامت نقل قول **(quotation mark)** نوشته می‌شود.

She said, "I work in a coffee shop". گفت تو یه کافی شاپ کار می‌کنم

نقل قول غیر مستقیم: اگر شکل جمله طوری تغییر کند که معنا تغییر نکند، احتیاجی به علامت نقل قول نیست.

She said that she worked in a coffee shop. گفت تو یه کافی شاپ کار می‌کنه

نحوه تبدیل نقل قول مستقیم به غیر مستقیم:

جهت تبدیل انواع مختلف جملات به نقل قول غیرمستقیم چهار نوع جمله را مورد نظر قرار می‌دهیم:

۱. **جملات خبری**: شخص مطلبی را اظهار می‌دارد. He is a stockman.

۲. **جملات سوالی**: شخص سوالی را می‌پرسد. Is he a stockman?

۳. **جملات امری**: شخص دستور می‌دهد و یا خواهش می‌کند. Come here, please.

۴. **جملات ندایی**: جهت بیان احساسات و عواطف. How terrific!

طریقه نقل قول غیرمستقیم جملات خبری

۱. فعل نقل کننده از **say to** به **tell** ، و **said to** به **told** تبدیل می‌شود.

۲. قرار دادن **that** بعد ازنقل کننده.

۳. اگر فاعل جمله ضمیر و صفات ملکی باشد باید به شکلی بکار رود که با نقل کننده تطبیق داشته باشد اما اگر فاعل جمله اسم باشد، عینا تکرار می‌شود.

۴. اولین فعل جمله را یک زمان به عقب می‌بریم. (حال: **گذشته**، و گذشته: **ماضی بعید**)

John said to me, " My father is working in our garden."
جان بهم گفت بابام تو باغمون مشغول کاره.

John told me that his father was working in their garden.
جان بهم گفت باباش تو باغشون مشغول کاره.

Michael said, "I took a trip to London." مایکل گفت سفری به لندن داشتم

Michael said that he had taken a trip to London. مایکل گفت سفری به لندن داشته

He said, " I know those men well." گفت اون مردا رو خوب می‌شناسم

He said that he knew those men well. گفت مردا رو خوب میشناسه

ضمایر اشاره و قید زمان و مکان معمولا از نزدیک به دور تبدیل می‌شوند.

this	→	that	last year	→	the year before
these	→	those	next year	→	the year after
here	→	there	yesterday	→	the day before
now, yet, just	→	then	thus	→	in that way
today	→	that day	ago	→	before
tomorrow	→	the next day	before	→	the following

He said, " My children are here now."   گفت بچه هام اینجان

He said that his children were there then.   اون موقع گفت بچه هاش اونجان

Maria said, " I want to invite my parents today.

مریا گفت امروز میخوام پدر و مادرم رو دعوت کنم.

Maria said that she wanted to invite her parents that day.

مریا گفت میخواد امروز پدر و مادرش رو دعوت کنه.

به دو جمله زیر توجه کنید:

Gilbert said, " We will go shopping tomorrow."   گلبرت گفت فردا میریم خرید

Gilbert said that they would go shopping the next day.   گلبرت گفت فردا میرن خرید

Gilbert says, " <u>We will</u> go shopping tomorrow."   گلبرت میگه فردا میریم خرید

Gilbert says that <u>they will</u> go shopping tomorrow.   گلبرت میگه فردا میرن خرید

تفاوت say و tell

<u>say</u> جهت بیان چیزی بکار می‌رود و بیشتر در سخن **مستقیم** مورد استفاده است که اگر پس از آن مفعول شخص بیاید همراه to خواهد بود.

He said <u>to me</u>," I haven't made up my mind yet."   بهم گفت هنوز تصمیمم رو نگرفتم

<u>tell</u> برای گفتن چیزی به کسی بکار می‌رود که پس از آن عموما مفعول شخص بدون حرف اضافه بکار رود.

He told <u>me</u> that he hadn't made up his mind then.   بهم گفت هنوز تصمیمش رو نگرفته

ریشه این دو فعل به شرح زیر است:

to tell someone sth   →   I told her what to do.
to say sth to sb   →   I want to say something important to you.

English for Eager Beavers

عبارات زیر منحصرا با **tell** همراه می‌باشند.

tell a lie	دروغ گفتن
tell the truth	گفتن حقیقت
tell a story	تعریف کردن داستان
tell a joke	جوک گفتن
tell the difference	گفتن تفاوت
tell about sth	گفتن درمورد چیزی
tell the time	گفتن زمان

طرز استفاده از must در نقل قول غیرمستقیم

must دارای سه معنا است:

۱) الزام و اجبار که در نقل قول مستقیم با **have to** و در غیر مستقیم به **had to** تبدیل می‌شود.

He said, "You must go now."   گفت باید بری

He said that I had to go then.   گفت باید برم

۲) الزام و اجبار در آینده که برابر است با **will have to** و در غیرمستقیم به **would have to** تبدیل می‌شود.

He said, " You must do it before the next week. "

گفت تا هفته دیگه باید انجامش بدی.

He said that I would have to do it before the following week.

گفت باید تا هفته دیگه انجامش بدم.

۳) الزام و اجبار در برابر قوانین و مقررات که همیشه و همه جا باید رعایت شوند. در این صورت **must** تغییری نمی‌کند.

The police officer said to him, " You must not play on the road. "

افسر بهش گفت نباید توی جاده بازی کنی.

The police officer told him that he **must not** play on the road.

افسر بهش گفت نباید توی جاده بازی کنه.

۱۶۸

طریقه نقل قول غیرمستقیم جملات پرسشی

دراین جملات به جای فعل ناقل **say** افعالی که مضمون پرسشی دارند مورد استفاده قرار می‌گیرند، مثل: **ask, inquire** و به دو دسته تقسیم می‌شوند:

۱) جملات استفهامی که با کلمات: where, why, how, which, what و غیره شروع می‌شوند، فقط به جای **that** **کلمه پرسشی** را قرار می‌دهیم.

My father said to me, "Why did you buy this lap top?"

بابام بهم گفت چرا این لپ تاپو خریدی؟

My father asked me why I had bought that lap top.

بابام ازم پرسید چرا اون لپ تاپو خریدم.

He said, " Where are you going? " گفت کجا داری میری؟

He asked where I was going. پرسید کجا دارم میرم

۲) آن دسته از جملات استفهامی که با **modals** شروع می‌شوند و فاقد کلمات پرسشی می‌باشند، از کلمات **if** یا **whether** به جای **that** استفاده می‌شود.

The woman said to me, "Will you help me?" خانمه بهم گفت میشه کمکم کنی؟

The woman asked me if I would help her. خانمه ازم پرسید اگه میشه کمکش کنم

Mr. Baker said to Nina, "Do you speak English?"

آقای بیکِر از نینا پرسید انگلیسی حرف میزنی؟

Mr. Baker asked Nina if she spoke English.

آقای بیکِر از نینا پرسید انگلیسی حرف میزنه یا نه.

تفاوت **if** و **whether** (آیا)

۱) **if** در ابتدای جمله قرار **نمی‌گیرد.**

Whether the train will be late is not clear yet.

هنوز مشخص نیست که قطار دیر میرسه یا نه.

Whether the car will be fixed depends on the mechanic.

اینکه ماشین درست بشه، به مکانیک بستگی داره.

۲) **if** پس از حرف اضافه بکار **نمی‌رود.**

۳) پس از **if** نمی‌توان بلافاصله از عبارت **or not** استفاده کرد.

I don't know whether or not he is sleeping. نمیدونم الان خوابه یا نه

He asked me if I could help him. ازم پرسید که میتونم کمکش کنم یا نه

در موارد زیر فعل جمله‌ای که می‌خواهیم نقل کنیم، با فعل گزارشی **تطبیق نکرده** و در همان زمان باقی می‌ماند.

۱) جملات شرطی نوع دو

He said, "If I were you, I wouldn't do that."   گفت اگه بجات باشم اینکارو نمیکنم

He said that if he were me, he wouldn't do that.   گفت اگه بجام باشه، اینکارو نمی‌کنه

۲) جملاتی که با **wish** همراه باشند.

He said, " I wish I knew Chinese."   گفت کاش چینی بلد بودم

He said that he wished he knew Chinese.   گفت کاش چینی بلد بود

۳) جملاتی که با **would rather** و **had better** همراه باشند.

My sibling said, " You had better go home."   خواهر/ برادرم گفت بهتره بری خونه

My sibling said that I had better go home.   آبجی/ داداشم گفت بهتره برم خونه

۴) جملاتی که بیانگر حقایق علمی و تجربی باشند.

He said, " The world is round."   زمین گِرده
He said that the world is round.

۵) افعالی که با **could, should, would, might** همراه باشند.

Paul said, " I should do my homework."   پاول گفت باید تکالیفم رو انجام بدم

Paul said that he should do his homework.   پاول گفت باید تکالیفش رو انجام بده

۶) جملات گذشته استمراری که با گذشته ساده همراه می‌باشند.

He said to me, " I was eating dinner when the electricity went off."

بهم گفت داشتم شام میخوردم که برقا رفت.

He told me that he was eating dinner when the electricity went off.

بهم گفت داشته شام میخورده که برقا رفته.

طرز نقل قول غیرمستقیم جملات امری

درجملات امری، مانند خبری **say to** به **tell** تبدیل می‌شود و مصدر با **to** بکار می‌رود.

The instructor said to me, " Open the window." معلم بهم گفت دررو بازکن

The instructor told me to open the window. معلم بهم گفت در رو باز کنم

چنانچه جمله امر منفی باشد در غیرمستقیم کلمه **not** قبل از مصدر قرار می‌گیرد.

My father said to me, " Don't stand there." بابام بهم گفت اونجا واینستا

My father ordered me not to stand there. بابام بهم امر کرد اونجا واینستم

طرز نقل قول غیرمستقیم جملات ندایی یا تعجبی

قوانین این نوع جملات نیز همانند جملات خبری پابرجا بوده، با این تفاوت که جملات ندایی احساس و عواطف گوینده را اعم از شادی درد ترس خوشحالی و ... بیان می‌کند و با کلماتی همچون: ...exclaim, approval, greet, بکار می‌روند.

He said, " What a beautiful day!" گفت چه روز قشنگی!

He exclaimed what a beautiful day it was! با تعجب گفت چه روز زیباییه!

I said to him, " Bravo, you did a nice job. !بهش گفتم آفرین کار خوبی کردی

I told him with approval that he had done a nice job.

با مسرّت بهش گفتم کار خوبی کرد!

He said to me, " Hello! How nice to see you!" بهم گفت سلام چه خوب که دیدمت!

He greeted me and said that it was nice to see me.

باهام حال و احوال کرد و گفت از دیدنم خوشحاله.

به جملات زیر توجه کنید:

He said, " Thank you." He thanked me. ازم تشکر کرد

He said, "Stupid!" He swore/ called me stupid. فحشم داد/ منو کودن خطاب کرد

She said, "Happy Thanksgiving." She wished me a happy Thanksgiving.

بهم روز شکرگزاری رو تبریک گفت.

Angelina said, "Good evening". Angelina greeted me. آنجلنا صبح بخیر گفت

Part T

گزینه صحیح را انتخاب کنید.

1. The manager said that…….. to his office at eight o'clock every day.
   a) I go   b) he went   c) I went   d) he had gone
2. Vin said that he…………. table tennis.
   a) would play   b) plays   c) may play   d) will play
3. He asked us …………… we had gone home.
   a) whether   b) if   c) are   d) a & b
4. "I'll have a cup of espresso", my father said, "Because I'm not hungry."
   My father said that he………a cup of espresso because he………. hungry.
   a) would have/ wasn't   b) will have/ weren't
   c) would have had/ wasn't   d) had/wasn't
5. He said to his father, "Please, do not turn off the light."
   He asked his father………. the light.
   a) don't turn off   b) not to turn off   c) to turn off   d) turning off
6. Katy asked Mina………… it before.
   a) whether she had done   b) if she has done
   c) did you do   d) that I have done
7. Peter asked them if………their work the following month.
   a) to finish   b) they would finish
   c) they will finish   d) they have finished
8. Sarah asked me if………….my homework.
   a) did you finish   b) did I finish
   c) I had finished   d) I have finished
9. William asked Sarah if……….to the cinema with her father the previous week.
   a) she has gone   b) she had gone   c) she goes   d) she will go
10. He asked me who……. on the second floor of the apartment.
    a) lives   b) leaved   c) lived   d) have lived
11. Mason told me…………. .
    a) don't smoke here   b) didn't smoke here
    c) not to smoke there   d) that smoke there
12. My granddaughter said that…… happy that day.
    a) I am   b) she was   c) she is   d) she has been

13. She said that she………..to finish her homework before doing anything else.
   a) decides   b) have decided   c) had decided   d) will decide

14. "You'd better have your supper, " my mother said, " I suppose you're hungry."
   My mother said that……… supper if I was hungry.
   a) I had better have my   b) she'd better have her
   c) I'd better had my   d) you'd better have your

15. Carl asked me………. the door if I felt hot.
   a) open   b) to open   c) opening   d) that open

16. Scarlett said, " I can hold my breath for two minutes."
   Scarlett said that…………breath for two minutes.
   a) she could hold her   b) I could hold my
   c) she could hold my   d) I can hold my

17. I asked him if…………his English classes regularly.
   a) he attends   b) he has attended   c) he attended   d) he will attend

18. She said, "If I could drive, I'd take you there myself."
   She said that if …………drive, she'd take me there herself.
   a) she could   b) she could have   c) I had to   d) I could

19. He asked me whether………. German.
   a) can I speak   b) could I speak   c) I could speak   d) I have spoken

20. James said that………Carol's classmate there a few weeks before.
   a) I will see   b) he is seen   c) I had seen   d) he had seen

21. A: "I love you". **B:** She says that ………. .
   a) I love you   b) she loved me   c) she loves me   d) I love her

22. She thought that she……the birthday gift by nine the following night, but Garry's sickness distracted her.
   a) would buy   b) would have bought
   c) will be bought   d) will have bought

Turn the sentences into English, please.

۱. دکتر گفت قرصاتو سر وقت میخوری؟

۲. سارا ازش پرسید گرسنه س یا نه.

۳. از بچه گمشده پرسید خونه تون کجاست؟

۴. دوستم بهم گفت یکم هله هوله م بگیر.

۵. با خوشحالی بهم گفت امتحانم رو قبول شدم.

۶. خانمی ازم پرسید لطفا بهم بگو نزدیک ترین داروخونه این حوالی کجاست؟

۷. استاد بهم گفت سوالات رو شفاهی جواب بدم.

۸. بهمون گفت تو خونه فوتبال بازی نکنین.

۹. اِستِفِن میگه داره درس میخونه.

۱۰. هِنری گفت گرسنش نیست.

Chapter 4: Verb

𝒯 𝒯 𝒯

𝒯 𝒯

𝒯

t t t

t t

t

Causative Form

هرگاه بخواهیم کاری به خاص و اراده ما توسط دیگران انجام شود از این ساختار استفاده می‌کنیم.

I had my car repaired last night.   دیشب دادم ماشینم (رو تعمیر کنن

شکل سببی در زمانهای مختلف بکار می‌رود برای این منظور کافی است فعل **have** یا **get** را در زمان مورد نظر صرف کنید.

I have my car washed every two weeks.	حال
I had my car washed yesterday.	گذشته ساده
I will have my car washed tomorrow.	آینده ساده
I have already had my car washed.	حال کامل
I had had my car washed before you arrived.	گذشته کامل
I will have had my car washed.	آینده کامل
Have your car washed.	امری
Don't have your car washed.	امری منفی

در جملات سببی **have/get** فعل اصلی بوده و با **do, did, does** سوالی و منفی می‌شوند.

Arthur didn't have his photograph taken.   آرثر نداد ازش عکس بگیرن
Did he have his photograph taken?   داد ازش عکس بگیرن؟

توجه: در جملات فوق، خبری از کننده کار نیست و **مجهول** تلقی می‌شوند.

اما گاهی فاعل جمله نیز حائز اهمیت بوده و ذکر می‌شود. جملات سببی **معلوم** دو الگو دارند. جملات زیر را در نظر بگیرید:

I **had** the architect **make** us a new building.   دادم معمار واسمون یه خونه نو بسازه
I **got** the architect **to make** me a new suit.
I **had** the students **repeat** after me.   دادم دانش آموزا بعد من تکرار کنن
I **got** the students **to repeat** after me.

گاهی فعل **want** بجای **have** در شکل **سببی مجهول** بکار می‌رود.

How do you **want** your hair done?   میخواین موهاتون چجوری بشه؟
He **wants** his watch mended.   میخواد ساعتش تعمیر شه

۱۷۶

Chapter 4: Verb   M.H.Zahedi

Part U

گزینه صحیح را انتخاب کنید.

1. Arnould is going to get the painter…………the walls.
 a) to paint   b) to be painted   c) painted   d) paint
2. You can't repair the pipes yourself. You'd better…………them repaired.
 a) have   b) to get   c) had   d) getting
3. I want ……….. my shoes.
 a) polish   b) polished   c) to polish   d) both b & c
4. I'll get the letters…….. .
 a) type   b) typed   c) to type   d) be typed
5. Yesterday, I got the dentist……. my wisdom tooth out.
 a) to pull   b) pull   c) pulled   d) both a & c
6. Why don't you have the radio ………?
 a) repair   b) to repair   c) repaired   d) be repaired
7. She saldy said, "I shouldn't …………………….. ".
 a) have my dress shortened   b) have had my dress shortened
 c) have shortened my dress   d) all correct
8. Take the television set to the repairman and have it…… .
 a) to mend   b) mend   c) mending   d) mended
9. I want my house …………. .
 a) beautify   b) beautified   c) to beautify d) both b & c
10. She is going to get her dress……….. .
 a) enlarged   b) enlarge   c) to enlarge   d) enlarging
11. I'm afraid I still haven't had the letter………. .
 a) post   b) posted   c) to post   d) be posted
12. Have the children…………. their hands?
 a) wash   b) washed   c) to wash   d) washing
13. Have the children…………. their hands.
 a) to wash   b) washed   c) wash   d) to be washed
14. I want you children……………your teeth before going to bed.
 a) brush   b) brushed   c) brushing   d) to brush
15. She wants her friends…………… before doing anything wrong.
 a) understand   b) understood   c) understanding d) to understand
16. Get the children's eyes…………. .
 a) tested   b) test   c) testing   d) to test

17. The pants are too long for you. Have the tailor............ them.
   a) shorten   b) to shorten   c) short   d) shortening
18. You should get the school .... the boy's parents.
   a) calling   b) to call   c) call   d) called
19. The teacher had the students .... a short text.
   a) to write   b) wrote   c) write   d) writing
20. Kevin got his brothers .... him on a trip.
   a) taking   b) taken   c) take   d) to take

U U U

U U

U

u u u

u u

u

Phrasal Verbs

افعالی را گویند که هنگام ترکیب شدن با یک حرف اضافه معنای خود را به کل از دست می‌دهند.

I took off my jacket. ژاکتم رو درآوردم

The meeting had to be put off. جلسه ناچارا به تاخیر افتاد

The airplane took off at 7 a.m. هواپیما ساعت ۷ پرواز کرد

کاربرد مفعول در افعال دو کلمه‌ای

اگر فعلی با کلمات **up, down, in, out, away, off, on, over, back, aside** ترکیب شود، و مفعول، اسم باشد، بین فعل و حرف اضافه و یا بعد از حرف اضافه بکار می‌رود. اما اگرمفعول ضمیر باشد، حتما بین فعل و حرف اضافه بکار می‌رود.

I turned on the faucet. I turned the faucet on. شیرآب رو باز کردم

I turned it on. بازش کردم

اگر فعل با حرف اضافه دیگری بجز حروف اضافه فوق ترکیب شود، مفعول درهرحالتی پس از حرف اضافه واقع می‌شود.

Emma takes after her father. Emma takes after him. اما مواظبشه

برخی از افعال با دو حرف اضافه ترکیب می‌شوند و جمعا فعل سه کلمه‌ای را تشکیل می‌دهند. در این صورت هم مفعول چه اسم چه ضمیر، باید بعد از حروف اضافه قرارگیرد.

I'm looking forward to Janet. مشتاق دیدار جَنِت هستم

You should go back over the lesson again. باید درس رو دوباره مرور کنی

در این میان چند استثناء وجود دارد. به عبارت دیگر افعال زیر جداشدنی نیستند و مفعول هرچه باشد، باید پس از حرف اضافه قرار گیرد.

call on دیدن	wait on پذیرایی کردن	get on سوار شدن
get off پیاده شدن	get over بهبود یافتن	run over زیر گرفتن
go over مرور کردن		

I called on my friend. رفتم دیدنِ دوستم

I called on him. رفتم دیدنش

حرف اضافه در زبان انگلیسی مانند فعل عمل می‌کند و کلمه پس از آن مفعول حرف اضافه است.
بعضی از صفات با حرف اضافه بکار می‌روند. در این حالت نیز، مفعول چه اسم باشد چه ضمیر، پس از حرف اضافه قرار می‌گیرد.

مهمترین این صفات:

A: Are you **afraid of** wild animals? **B:** Yes, I'm afraid of them.

A: Is Jayden **sorry for** being late? **B:** Yes, he's sorry for it.

A: Are you **interested in** history? **B:** No, I'm not interested in it.

A: Is the boy **similar to** his elder sister? **B:** Yes, he's quite similar to her.

A: Isn't the old man **tired of** life? **B:** Yes, he's tired of it.

A: Are you **angry with** Addison? **B:** No, I'm not angry with her.

A: Is Joe **jealous of** his younger brother? **B:** Yes, I believe he's jealous of him.

Part V

در جملات زیر به جای مفعول ضمیر قرار دهید و سپس جای ضمیر را در جمله مشخص کنید.

1. Would you wake up Ashley at 8 a.m?

2. Why doesn't she take off her dress? Here is getting like a furnace.

3. We have to put off the vacation until next month.

4. Zoey is trying on her new sandals.

5. Ryan put on a suit for work.

6. I should give back the car to Joseph now.

7. Take off your boots.

8. Anthony often calls up his brother.

9. The rain put out the huge forest fire.

10. The young waiteress waited on the guests perfectly.

11. Why did they blow up the bridge?

12. Haven't you called on Julian recently?

13. I'm wondering why I should go over the lesson again.

14. The soldiers took up the area.

15. Arianna got over her disease after the surgery operation.

16. Connor ran into his old friend yesterday.

Part W

گزینه صحیح را انتخاب کنید.

1. When you don't know the meaning of a word, you usually.......... in a dictionary.

a) look it after b) look for it c) look it up d) look up it

2. You dropped the money. Why don't you...............?

a) pick up it b) pick it up c) pick up them d) pick them up

3. Lauren ....six polite children.

a) kept on b) gave up c) took up d) brought up

4. The following is a checklist of points to .... when choosing a course book.

a) fill in b) give up c) make up d) look for

5. Have you given back the book? Yes, I have …………… .
    a) given it back   b) given back it   c) given a book back   d) all correct
6. The wind ……….. the candle.
    a) blew out   b) took off   c) put on   d) turned off
7. The firefighters finally ……………… .
    a) put the fire off   b) put the fire out
    c) put off the fire   d) b & c
8. I told Lucy that she could call…………..any time she liked.
    a) up me   b) me up   c) me on   d) out me
9. It's getting hot. Please, ………….. .
    a) turn the cooler on   b) turn on the cooler
    c) turn it on   d) all correct
10. Sebastian is similar……………his elder sister.
    a) with   b) for   c) to   d) of
11. Molly hasn't shown up yet. We're still…………. .
    a) waiting on her   b) waiting for her
    c) looking forward her   d) looking her forward
12. Cooper is afraid…….. wild animals, isn't he?
    a) from   b) of   c) with   d) about
13. I'm still…………..about the problem. What's the solution?
    a) responsible   b) interested   c) waiting   d) thinking
14. I'm really tired ……. comedy movies. Let's run some horror stuff.
    a) of   b) with   c) from   d) to
15. Nolan kept……… trying until he won.
    a) off   b) up   c) on   d) about

Turn the sentences below into English, please.

۱. قلم رو انداختی، برش دار.

۲. شمع که روشن بود، باد خاموشش کرد.

۳. هروقت تونستی بهم زنگ بزن.

۴. رزیتا خوابه، بیدارش نکنی.

۵. تلویزیون نمیبینم، خاموشش کن.

۶. یتیم بود، مامانش بزرگش کرد.

۷. دنبالش نگرد، نمیتونی پیداش کنی.

۸. طالبی شیرینیه. تهشو بیار بالا.

۹. کمش کن، صداش خیلی بلنده.

۱۰. درم که قفل نیست. کی مسئولشه؟

۱۱. امروز میخوام یه سَری به دوستم بزنم.

۱۲. دو گل نو شکفته نمی‌تونن باهم کنار بیان.

۱۳. سوار ماشین شدیم و از تعطیلات برگشتیم.

۱۴. کی میخواد از بچه ها مراقبت کنه؟

۱۵. به خاطر برف، بازی لغو شد.

۱۶. هول نشو خب! اگه معنیشو نمیدونی از دیکشنری نگاه کن.

۱۷. دور ننداریش، شاید یه روزی بدرد بخوره.

۱۸. بخاطر طوفان سفرشون رو عقب انداختن.

۱۹. از کارش با شرکت دست کشید.

۲۰. تقاضانامه خط خوردگی داره، دوباره پرش کن.

۲۱. پسش بده که سرت کلاه رفته.

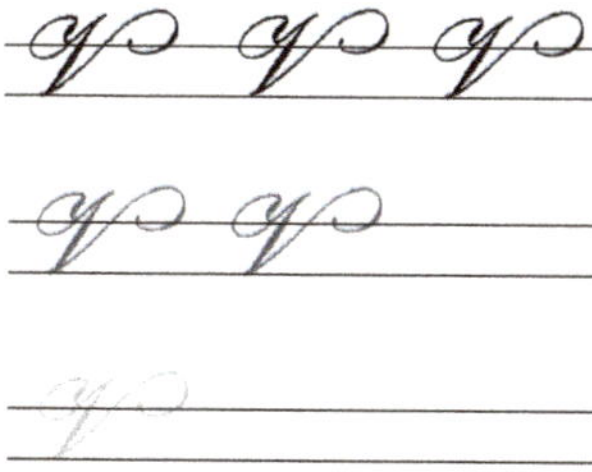

Chapter 4: Verb

y y y

y y

y

v v v

v v

Chapter 5: Adverb

قید: کلمه‌ای است که فعل، صفت، قید دیگر و یا یک جمله را توصیف می‌کند.

She drives **carefully**. اون بادقت رانندگی میکنه

I was **too** tired last night. دیشب خیلی خسته بودم

Fernando behaved **very** kindly. فرناندو خیلی بامهربونی برخورد کرد

Unfortunately, they arrived late. متاسفانه دیر رسیدن

Types of Adverbs

به طور کلی ۸ **دسته** قید وجود دارد:

۱. قیود زمان (Adverbs of Time)

که به دو گروه **معین** و **نامعین** تقسیم می‌شوند:

الف) معین: این موقعیت، محدوده مشخصی از زمان دارد که عموماً در انتها و گاهی در ابتدای جمله به کار می‌رود.

yesterday, last (night/ week/ month), tomorrow, tonight

Tomorrow, we are going on a trip. فردا میریم سفر

Didn't we meet each other last week? ما هفته پیش همو ندیدیم؟

ب) نامعین: این نوع محدوده مشخصی در زمان ندارد و در ابتدا وسط و انتهای جمله به کار می‌رود و به سه گروه تقسیم می‌شود:

گروه اول) قیود تکرار:

never, sometimes, often, normally, generally, really, hardly, ever, usually, …

قبل از فعل اصلی

She **often** drinks coffee in the afternoon. اغلب بعد از ظهرا قهوه میخوره

بعد از افعال to be

I'm **always** thinking about you. همش به تو فکر میکنم

بین فعل کمکی و اصلی

Americans don't **usually** shake hands. اِمریکایی ها معمولا دست نمیدن

English for Eager Beavers

نکته۱: چنانچه در یک جمله، فعل کمکی بدون فعل اصلی بکار رود، دراین صورت قید تکرار قبل از فعل کمکی بکار می‌رود.

I do exercise in the morning, but he **never** does.

من صبح به صبح ورزش میکنم ولی اون نه.

نکته۲: قید در پاسخ‌های کوتاه، قبل از فعل کمکی بکار می‌رود.

Are you hungry? I **absolutely** am. گرسنه ای؟ صدالبته

و در جملات منفی، مطابق معنای جمله، برخی قیود قبل و برخی بعد از **not** بکار می‌روند.

I thoroughly don't agree. من اصلا موافق نیستم

I do not often have backaches. من خیلی کمردرد نمیشم

برخی قیود مانند **really** می‌توانند در هر دو جایگاه بکار روند.

I **really** can't come. I can't **really** come. واقعا نمیتونم بیام

گروه دوم) قیود توالی ترتیبِ وقایع که به عبارتی تقدم و تاخر آنها مد نظر می‌باشد.

new, then, before, after (wards), next, first (ly), second, third, finally, last

Finally, they accepted our invitation.

They **finally** accepted our invitation. بلاخره دعوتمون رو قبول کردن

They accepted our invitation **finally**.

گروه سوم) که شامل قیود زیر می‌شود:

recently, nowadays, soon, already, still, just, immediately

She **immediately** answered the question.

Immediately, she answered the question. جواب سوالو رو هوا زد

She answered the question **immediately**.

۲. قیود مکان (Adverbs of Place)

بیانگر محل وقوع عمل که اغلب در انتهای جمله می‌آیند.

Dorothy works in an office. دروثی تو یه اداره کار میکنه

۳. قیود حالت (Adverbs of Manner)

بیانگر حالت یا روش انجام عمل که با افزودن **ly** به صفت ساخته می‌شوند.

quick quickly beautiful beautifully

برخی استثنائات:

fast hard late early low

نکته۱: **well** علاوه بر نقش قیدی، معنای صفتی نیز دارد.

I'm <u>well</u>. خوبم

قیود حالت، که عموماً در انتهای جمله می‌آیند، نسبت به موقعیت جمله به عنوان تاکید می‌توانند در ابتدا یا حتی قبل از فعل نیز به کار روند.

Annie talked with her cousin **kindly**.
Annie **kindly** talked with her cousin. آنی با مهربونی با دختر خاله ش حرف زد
Kindly, Annie talked with her cousin.

نکته۲: قیود حالت زیر، **فقط درانتهای جمله** به کار می‌روند و چنانچه درجملات تعجبی با **how** به کارروند، جایگاهشان **قبل از فاعل** می‌باشد.

hard, fast, well, badly, nicely, poor

The children behaved **nicely**. بچه ها خیلی خوب رفتار کردن

<u>How</u> **nicely** the children behaved! بچه ها چقد خوب رفتار کردن!

Martin is driving fast. مارتین خیلی تند رانندگی میکنه

<u>How</u> **fast** Martin is driving! مارتین چقدر تند رانندگی میکنه!

نکته۳: قیود مذکور در جملات مجهول **قبل از شکل سومِ فعل**، می‌توانند به کار روند.

The house was very **<u>badly</u>** built. خونه خیلی بد ساخته شده

۴. قیود تشدید کننده (Intensifying Adverbs)

قیودی هستند که به معنای یک صفت، قید، یا فعل، شدت بخشیده و به دو دسته تقسیم می‌شوند:

الف) قید درجه یا کمیت: قبل از صفت، یا قید به کار می‌روند و بیانگر حد صفات یا قیود هستند.

very, too, quite, somewhat, more, fairly, extremely, rather

He eats his meals **rather** quickly. غذاشو بگی نگی تند میخوره

The new student is **too** clever. دانش آموز جدیده زیادی زرنگه

قیود زیر مشابه قیود فوق هستند، بااین تفاوت که بیشتر در زبان **محاوره** به کار می‌روند.

so, terribly, horribly, pretty, mighty, breathtakingly, dreadfully

Your audition was **breathtakingly** awesome. اجرات به شکل نفس گیری عالی بود

I'm **terribly** sorry about your loss. واقعا واسه عزیزِ از دست رفته تون متاسفم

قبل از فعل یا صفت بیانگر میزان کامل بودن.

almost, partially, completely, have, enough, nearly, utterly, thoroughly, entirely, wholly, all, totally, absolutely + fractions (one/third, two fifths, …)

His delay was **thoroughly** forgiven. — تاخیرش تمام و کمال بخشیده شد

Peter lives **all** alone. — پیتر تنها زندگی میکنه

She sang beautifully **enough** to be admitted. — اونقدر زیبا خوند که برگزیده شه

نکته ۱: در صورتی که قیود درجه توصیف کننده باشند، دراین حالت قبل از فعل می‌آیند.

My father is **really** aching all over. — بابام تمام تنش درد میکنه

Joel **rather** speaks fluently. — جول نسبتا روون حرف میزنه

Larry **quite** enjoys shopping. — لَری اصن عشقِ خریده

نکته ۲: برخی قیود درجه اساساً در پایان جمله به کار می‌روند.

a bit, a little, a lot, much

Eric works **a lot**. — اِریک خیلی کار میکنه

Mary likes my daughter **very much**. — مِری خیلی دخترمو دوست داره

I don't speak **much** to my colleague. — با همکارم خیلی حرف نمیزنم

ب) قید تاکیدی: این نوع کلمات، ساختارهای گرامری خاصی را جهت تاکید می‌طلبند و جایگاه آن **قبل از کلمه مورد تاکید** می‌باشد.

specially, just, purely, really, even, merely, simply, not, exactly, only, solely

This is **exactly** true. — اصن همینه

Even Mr. Miller didn’t come to the meeting. — آقای مِلر هم جلسه نیومد

Just when I told her, she burst into tears. — تا بهش گفتم، زد زیر گریه

نکته مهم: کلمات **all/ just/ both** بعد از فعل **be** و یا قبل از **فعل اصلی** در جمله بکار می‌روند.

They are all present. — همه حاضرن

James and Sarah both like your songs. — جیمز و سارا هردوشون آهنگات رو دوست دارن

جایگاه **only** در جمله نسبت به کلمه‌ای که توصیف می‌کند، متغیر است. اما در هرحال قبل از موصوف بکار می‌رود. این کلمه می‌تواند قبل از فعل، صفت یا قید دیگر بکار رود.
حتی قبل از اسم یا ضمیر، که در این صورت معنا و مفهوم جمله به کل تغییر می‌کند.

Only the passenger hurt his arm. فقط مسافر صدمه دید

The passenger **only** hurt his arm. مسافرِ فقط بازوش صدمه دید

The passenger hurt **only** his arm. بازوی مسافر فقط صدمه دید

The passenger hurt his arm **only**. فقط مسافر صدمه دید

the only (تنها) صفت است و قبل از اسم بکار می‌رود.

The only passenger hurt his arm. تنها مسافر، بازوش صدمه دید

۵. قیود اطمینان (Adverbs of Certainty)

این دسته از قیود تمام جمله را توصیف می‌کنند که به قیود جمله نیز، معروف هستند.

fortunately, actually, apparently, evidently, presumably, obviously, decidedly, unexpectedly, advisedly

جایگاه این قیود در ابتدا، جهت تاکید و یا وسط جمله می‌باشد. چنانچه جمله کوتاه باشد، در انتها نیز بکار می‌روند.

He failed the exam **unexpectedly**. به شکل غیرمنتظره ای امتحانش رو افتاد

Presumably, this is the school where she studies.

از قرار معلوم تواین مدرسه درس میخونه.

نکته مهم: قیود اطمینان می‌توانند به عنوان پاسخ سوال نیز بکار روند.

They're not going to come. "**Apparently**" ظاهرا قرار نیست بیان

همچنین عبارات زیر به عنوان قیود اطمینان به کار می‌رود:

by all means, well, indeed, by no means, strongly, enough, now, in my opinion,

Well, Jack told me. خب جک بهم گفت

Are you going to leave him? **Maybe** میخوای ترکش کنی؟ حالا شاید

In my opinion, you should let her know. به نظر من که باید بهش بگی

نکته طلایی: برخی صفات وجود دارند که **non-gradable** بوده و نمی‌توان آنها را با قیودی مانند **so, very, a lot** ,... تشدید کرد. این صفات عبارتند از:

excellent, wonderful, perfect, necessary, true, wrong, ...

بجای قیود ذکر شده، می‌توان از **really** استفاده کرد.

That's **really** excellent/necessary/wrong/ ....

۶. قیود ربطی (Conjunctive Adverbs)

این نوع قیود، صرفاً جهت ارتباط بین دو جمله به کار می‌روند.

therefore/ accordingly	نتیجه
then	زمان
otherwise/ or	شرط
nevertheless/ however	تضاد
besides/ moreover	افزایش

همچنین قیود زیر به عنوان قیود ربطی بکار می‌روند:

because, while, as if, although, in addition, for this reason, after this, if not...

جایگاهشان مانند قیود اطمینان، می‌تواند ابتدا، وسط یا انتهای جمله به کار رود.

I want to help you if you let me stay. if not, I can go.

کمک بخوای هستم، اگرم نه که برم.

She doesn't like to stay there. Besides, her mom is sick.

دوست نداره اینجا بمونه. تازه مامانشم مریضه.

Cameron failed her test. However, she didn't quit her efforts.

هرچند کَمرون امتحانش رو افتاد، ولی دست از تلاش برنداشت.

۷. قیود توضیحی (Explanatory Adverbs)

Namely **i.e** (that is) for example **e.g** for instance

He is the jack of all trades and can do anything you wish. e.g carpentry, painting, singing and playing the guitar.

طرف همه کاره س و یِنی هرکاری بگی میتونه انجام بده. از نجاری بگیر تا نقاشی، خوانندگی و گیتار زنی.

Chapter 5: Adverb M.H.Zahedi

۸. قیود موصولی و استفهامی(Relative and Interrogative Adverbs)

این نوع قیود عبارتند از: **when , where, why, how**

This is the country where Jonathan was born.

این شهریه که جاناتن توش به دنیا اومده.

The reason why he was mad is unclear. دلیل عصبانیتش مشخص نیست

چکیده مطالب

الف) اکثر قیود با اضافه کردن **ly** به صفت صورت می‌گیرد.

slow => slowly immediate => immediately

ب) هرگاه صفتی به **y** ختم شود و قبل از **y** حرف بی‌صدا داشته باشیم، باید در نظر داشته باشیم

که هنگام افزودن **ly** حرف **y** به **i** تبدیل می‌شود.

easy easily lucky luckily happy happily angry angrily

ج) اگر صفتی به **le** ختم شود برای ساختن قید، **le** به **ly** تبدیل می‌شود.

possible/ possibly reasonable/ reasonably probable/ probably
horrible/ horribly terrible/ terribly

استثناء

دو کلمه **due** و **whole** درحالت قیدی، هنگام حذف **e**، به **duly** و **wholly** تبدیل می‌شود.

د) صفاتی که به **ic** ختم می‌شوند، درحالت قیدی به **ically** تبدیل می‌شوند.

grammatic grammatically dramatic dramatically
automatic automatically scientific scientifically

استثناء: public/ **publicly**

ه) **difficult** به عنوان صفت فاقد قید است. لذا از عبارت **with difficulty** به عنوان قید استفاده می‌شود.

و) صفاتی که به **ly** ختم می‌شوند، با عبارت **in a .... manner** به قید تبدیل می‌شوند.

Katy is a friendly lady. کیتی زن خوش مشربیه

Katy acted in a friendly manner. کیتی دوستانه رفتار کرد

ترتیب قیود در جمله بدین شکل است:

زمان+ قید مکان+ قید حالت+ مفعول+ فعل اصلی+ قید تکرار+ فعل کمکی+ فاعل

She may usually do her homework carefully at home every day.

به احتمال زیاد معمولا روزانه تکالیفش رو اونم با دقت تو خونه انجام میده.

نکته مهم۱: چنانچه جمله دارای یک فعل حرکتی مانند come, go, arrive باشد، قید مکان قبل از قید حالت به کار می‌رود.

He went there twice a night last month. ماه پیش شبی دوبار میرفت اونجا

نکته مهم۲: قیود مکان می‌توانند به جهت **(upwards)** یا جایگاه **(in London)** اشاره نمایند که معمولاً جهات، قبل از خود جایگاه بکار می‌روند.

نکته مهم۳: چنانچه دو قیدِ جایگاه داشته باشیم، از کوچک به بزرگ مرتب می‌شوند.

I went to an office in Australia. به اداره ای در استرالیا رفتم

Ric studied biology in a college in Barcelona.

رِک زیست شناسی رو تو دانشگاهی واقع در بارسلونا خوند.

به طور کلی قید نباید بین فعل و مفعول به کار رود.

I like playing video games **so much**.

I **so much** like playing video games. خیلی بازی رایانه ای دوست دارم

I like **so much** playing video games **(wrong)**

کلمات زیر بدون تغییر می‌توانند به عنوان صفت یا قید بکار روند:

hard سخت	deep عمیق	pretty کاملا خیلی	alone تنها
low کم ارتفاع	fast سریع	early زود	high بلند
far خیلی late دیر	much خیلی	little کم	near نزدیک

Frank is a <u>fast</u> driver. فرَنک راننده ی تیزیه

Frank drives <u>fast</u>. فرَنک تند رانندگی می‌کنه

Chapter 5: Adverb M.H.Zahedi

برخی کلمات وجود دارند که ممکن است با **ly** به کار روند اما معنای دیگری پیدا می‌کنند.

به عنوان مثال **lowly** به معنای "متواضع" صفت است نه قید.

Farmers and stock people are usually lowely people.

کشاورزان و دامداران معمولا آدمای متواضعی ان.

کلمه **highly** به معنای **greatly** به کار می‌رود.

They admired him highly. خیلی با شکوه ازش قدردانی کردن

lately به معنی "اخیراً" به کار می‌رود و ربطی به کلمه **late** ندارد.

She hasn't seen him lately. این اواخر ندیدَش

hardly اولاً جمله را منفی می‌کند، ثانیاً قبل از فعل اصلی جمله به کار می‌رود.

Sally broke her leg and she can hardly walk. پای سَلی شکست و حالا به زور میتونه راه بره

nearly به معنای **almost** "تقریباً" مورد استفاده قرار می‌گیرد.

It's nearly 5 minutes to walk. یه پنج دقیقه ای راهه

چنانچه **still** در جملات منفی به کار رود، قبل از فعل کمکی واقع می‌شود.

I still don't know what to do. هنوز نمیدونم چیکا کنم

yet در آخر جملات منفی و یا بعد از فعل کمکیِ منفی شده قرار می‌گیرد.

She didn't yet come.
She didn't come yet. هنوز نیومده

just به عنوان قید زمان، قبل از فعل اصلی به کار می‌رود.

She has just called me. همین الان بهم زنگ زد

Inversion

ساختار وارونه که گاها به آن Negative Openings هم گفته می‌شود، چنانچه جمله‌ای با یکی از قیود منفی زیرآغاز شود، باید به صورت سوالی نوشته شود. هرچند چنین جملاتی سوالی نبوده و فاقد علامت سوال نیز می‌باشند.

nowhere در هیچ کجا	little مقداری
never هرگز	few تعدادی
neither نه	seldom به ندرت
at no time در هیچ زمان	rarely به ندرت
nor نه	scarcely به ندرت
hardly به سختی	only yesterday فقط دیروز
even less حتی کمتر	only by chance تصادفا
no sooner than به محض اینکه	only today فقط امروز
no more دیگه نه	by no means به هیچ وسیله‌ای
on no account به هیچ وجه	only in this way فقط بدین شکل
not once یکبارم نه	in no way ابدا

Never **have I** seen that man. تا به حال اون مرد رو ندیده‌ام

Rarely **has anyone** succeeded in such businesses.

کمتر کسی در چنین حیطه ی شغلی به موفقیت رسیده.

Nowhere **have I ever had** such bad chance. تو عمرم به این بد شانسی نبودم

Only in this way **could Harris** earn enough money to survive.

هریس فقط اینطوری میتونه یه پول بخور و نمیری دربیاره.

Little **did he** know! خیلی کم میدونست

In no way **do I** agree with what you're saying. به هیچ وجه باهات موافقت نیستم

Hardly **had I** got into bed when the telephone rang.

سرم رو بالش نرفته بود تلفن زنگ خورد.

On no account **should you** do anything without asking me first.

به هیچ عنوان نباید بدون اجازه من کاری بکنی.

نکته: در قاعده **inversion** برخی کلمات و عبارات وجود دارند که با جمله‌ی دوم (مستقل) وارونه می‌شوند که از لحاظ معنا و مفهوم فرق چندانی ندارد (انواع جملات در فصل شش بررسی خواهد شد).

Not since Lucy left college **had she had** such a wonderful manner.

تا قبل از ترک دانشگاه، لوسی چنین رفتاری عالی ای نداشت.

Not until he lost all his money **did he stop** gambling.

اینقدر قمار کرد که تمام پولاش رو از دست داد.

Only by working extremely hard **could we afford** to live.

فقط با تلاش و سخت کوشی میتونیم از پس مخارج زندگیمون بر بیایم.

Only after an operation **may he be** able to walk again.

فقط بعد از عمل جراحی ممکنه دوباره بتونه راه بره.

Only when we'd all arrived home **did I feel** calm.

فقط وقتی آروم شدم که رسیده بودیم خونه.

نکات حاشیه‌ای ۱

دیگر موارد استفاده از inversion:

Conditionals: در جملات شرطی

Were I you, I wouldn't do it.

the main sentence: (If I were you, I wouldn't do it.)

من که بجات باشم اینکار رو نمیکنم.

Adverb of Place at the beginning: قید مکان در آغاز جمله

On the table was all the money we had lost.

the main sentence: (All the money we had lost was on the table.)

کل پولهایی که گم کرده بودیم، رو میز بود.

After so + adj ... that: پس از ترکیب so به همراه یک صفت + that

So beautiful was the car that no one could talk about anything else.

the main sentence:

(the car was so beautiful that no one could talk about anything else.)

ماشینه اوقدر قشنگ بود که هیچکس نتونست درمورد چیز دیگه ای حرف بزنه.

Comparison of Adverbs

۱) قید مطلق (Absolute): با قرار دادن قید، بین **as……..as** صورت می‌پذیرد.

She works as well as George. اونم به خوبی جورج کار میکنه

He doesn't take it as easily as Nina. ظرفیتش به اندازه ی نینا نیست

قید + er + than

۲) تفضیلی (Comparative): همانطور که گفته شد برخی قیود، فرم مشابه به صفات دارند. این قیود همگی یک بخشی هستند (غیر از **early**) و در حالت تفضیلی **er** می‌گیرند.

برخی از این صفات عبارتند از:

high, fast, hard, soon, long, near, light, early, slow, loud, quick

Would you do your stuff earlier? میشه زودتر کاراتو تموم کنی؟

You can read this story louder. میتونی داستانو بلندترم بخونی

Why doesn't Garry solve the problem sooner? چرا گری مسئله رو زودتر حل نمیکنه؟

more + قید + than

قیودی که بیش از یک بخش دارند (که معمولاً با افزودن **ly** به صفت ساخته می‌شوند)، در حالت تفضیلی با **more** ساخته می‌شوند.

Harry drives more carefully than his spouse.

هِری نسبت به همسرش بادقت بیشتری رانندگی میکنه.

I must focus on my job more often. بیشتری باید روی کارم تمرکز کنم

the + قید + est

the + most+قید

۳) حالت برتر (Superlative): قیودی که در حالت تفضیلی **er** می‌گیرند، در حالت عالی **est**، و آن دسته که با **more** تفضیلی می‌شوند در حالت عالی با **most** همراه می‌شوند و همگی بدون استثناء مانند صفات عالی، قبل از قیود عالی نیز با **the** همراه می‌شوند.

He runs the fastest. اون سریعتر از همه میدوِه

The longest Jane could stay is an hour. جِین نهایت یک ساعت بتونه بمونه

Julia was the one who looked at the crowd the most carefully.

جولیا بود که از همه دقیق تر به جمعیت نگاه میکرد.

قیود عالی خیلی کاربردی نیستند و به جای آن از فرمول زیر استفاده می‌شود:

قید تفضیلی + than + ever/anything/anyone

You can do the job better than anyone. تو بهتر از هرکسی میتونی انجامش بدی

برخی قیود بی‌قاعده به همراه شکل تفضیلی و عالی آنها

well	better	the best
Badly	worse	the worst
much	more	the most
Little	less	the least
Far	farther/further	the farthest/ the furthest

Never do the least but the most. هیچوقت حداقل رو انجام نده، بلکه حداکثر

I went further but I couldn't find the address. جلوتر رفتم ولی نشونی رو پیدا نکردم

David promised to study more. دیوِد قول داد بیشتر درس بخونه

به دو ساختار مهم زیر توجه کنید:

تفضیلی the + تفضیلی the

قید تفضیلی + and + قید تفضیلی

She drives more and more recklessly. همینطور با بی دقتی رانندگی میکنه

The more properly I do the tasks, the worse my colleagues treat me.

هرچی بهتر کارامو انجام میدم، همکارام بدتر باهام رفتار میکنن.

As he was running out of time, he worked harder and harder.

تا دید وقتش داره تموم میشه، سفت تر و سفت تر کار کرد.

Maria has decided to speak more and more slowly.

مِریا تصمیم گرفته تا میتونه آهسته تر حرف بزنه.

به دو جمله زیر دقت کنید:

Alice speaks perfect French.
Alice speaks French perfectly.

از لحاظ معنایی، هردو جمله به معنای " آِلس در زبان فرانسه بسیار روان و مسلطه" می‌باشد.

تفاوت در ساختار می‌باشد. همانطور که میدانیم، قید هرگز اسم را توصیف نمی‌کند و این صفت است که توصیف کننده‌ی اسم می‌باشد.

در جمله اول **perfect** صفت می‌باشد که قبل از اسم **(French)** بکار رفته.

اما در جمله دوم **(perfectly)** قید بوده و فعل **(speak)** را توصیف می‌کند.

جملاتی وجود دارند که علاوه بر ساختار متفاوت، تفاوت معنایی نیز دارند.

Jack is a careful driver, yet he is driving recklessly.

کلا جک راننده‌ی محتاطیه ولی الان داره خیلی بد رانندگی میکنه.

در ابتدای جمله **careful** به عنوان صفت، اسم **(Jack)** را توصیف می‌کند. درحالی‌که در ادامه **(recklessly)** به عنوان قید، فعل **(driving)** نحوه رانندگی را توصیف می‌کند.

نکات حاشیه‌ای ۲

so در موارد زیر بکار می‌رود:

۱. به عنوان حرف ربط به معنای (بنابراین) که در این صورت می‌توان از **therefore** استفاده کرد.

۲. به عنوان قیدِ مقدار در الگوی زیر بکار می‌رود.

so + قید/صفت ساده + that clause

The problem was **so hard that** no one could solve it.

مسئله اینقد سفت بود که هیچکس نتونست حلش کنه.

He drove **so carefully that** many of his friends got surprised.

اینقدر با دقت رانندگی کرد که همه دوستاش کف کردن.

۳. به معنای (خیلی) که دراین حالت با **very** مترادف خواهد بود.

You're **so/ very** beautiful. خیلی خوشگلی

۴. گاهی **as** با **to** ترکب می‌شود و به شکل **so as to** (به منظورِ اینکه) درمی‌آید. دراین حالت نیز با **in order to** که قدری رسمی‌تر است، مترادف می‌شود.

She studied hard **so as to** get prosperous. بدجور درس خوند تا موفق شه

۵. برای بیان منظور از **so that** (تااینکه- تا) بکار می‌رود.

She kept quiet **so that** Jerry could make up his mind.

ساکت شد که جری بتونه تصمیمشو بگیره.

۶. عبارت **so-called** به معنای "به اصطلاح- مثلا" برای شخصی که تخصص کافی را دارا نمی‌باشد، استفاده می‌شود.

so-called expert آقا/ خانومِ به اصطلاح متخصص

so-called friend آقا/ خانومِ به اصطلاح دوست

Chapter 5: Adverb

Part A

با استفاده از کلمات داخل پرانتز، جملات زیر را کامل کنید

1. They were very tired (at the end of the day).
2. I've been working (in my office, all morning, hard).
3. The boss will punish the secretary for the negligence. (certainly)
4. She is (at this time, usually, at college).
5. You must finish or you will miss the plane. (early)
6. Jack tore up the paper. (angrily)
7. I reminded her to mind her own business. (quietly)
8. Never………. to that woman. (I have talked)
9. Instructors ought to work hard to enhance their knowledge. (always)
10. The artist's best picture has been praised. (highly)
11. "I don't care", she said." I'm rich to afford it. (enough)
12. I ran as…….. as I could. (quick)
13. Alan, as a successful person, works the ………… and Fred does the…………….. (efficient) in my office.
14. My sister managed the project very……….. (well) than anyone and all were delighted.
15. We are of the opinion that Albert should be expelled. (still)
16. I often feel ……when I use vegetables. (healthy)
17. Do they come to the city? (ever, nowadays)
18. Our maid is breaking dishes and things. (always)
19. We receive letters from students. (often)
20. Marley had time to speak to them. (barely)

Part B

گزینه صحیح را انتخاب کنید.

1. The sky became……….. dark as the moon moved in front of the sun.
   a) surprising   b) surprised   c) surprisingly   d) more surprisingly
2. There are……….. people here than I expected to come.
   a) less   b) least   c) few   d) fewer
3. My brother is being very……….. . Please, forgive his impoliteness.
   a) bad   b) badly   c) badlier   d) worse
4. She looks……….. because she has a cold and her nose is blocked.
   a) terrible   b) terribly   c) more terribly   d) terriblier

5. Ethan behaved the ……….. among them.

a) most thoughtful b) thoughtfullest

c) more thoughtful d) none

6. I……….. like tennis, but it's not my favourite sport.

a) so much b) much c) less d) few

7. Which one is incorrect?

a) Max doesn't like very much soccer.

b) Did you go to bed late last night?

c) I did some shopping and also went to the bank.

d) Are you going to invite a lot of people to the party?

8. It's exactly11 o'clock, and Bernard isn't here……….

a) finally b) still c) already d) yet

9. Janet greeted us…………

a) in friendly way b) rather friendly

c) in a friendly manner d) very friendly

10. I ………. her nickname.

a) never can remember b) can remember never

c) can never remember d) none

Turn the sentences below into English, please.

۱. سالن با صدای بلند کف زدن.

۲. این گروه موسیقی آهنگ‌های فوق العاده زیبایی رو روی سن اجرا میکنه.

۳. اون دختره دیوونه‌وار عالی می‌رقصه.

۴. جک رو ببین. خیلی کارش خوبه.

۵. توی کشور ما خونه ها نسبتاً گرونه.

۶. مایکل صبورانه منتظر منشی نشست.

۷. از همکاری شما کمال تشکر رو داریم.

۸. بِتی خیلی با خانواده رابینسون با مهربونی رفتار کرد.

۹. تیم ملی کاملا مسلط به انگلیسی حرف میزنه.

۱۰. میشه یکم بلندتر حرف بزنی؟ به سختی می‌شنوم.

۱۱. بزرگسالا نسبت به بچه ها چیزهارو دیرتر یاد می‌گیرن.

۱۲. ماشین لئون از بنجامِن سریع تر میره.

۱۳. آدری از جِنِفر زیباتر آواز میخونه.

W W W

W W

W

w w w

w w

w

Chapter 6: Types of Sentences, Clauses, Phrases and Participles

انواع جمله

۱. جملات ساده (Simple Sentences)

جملاتی هستند که تنها دارای یک فعل اصلی و فاعل می‌باشند.

انواع جملات ساده در ۵ فرمول به شرح زیر توصیف می‌گردند:

الف) فاعل + فعل

The water is boiling. — آب داره میجوشه

ب) فاعل + فعل + متمم

She is an ophthalmologist. — چشم پزشکه

ج) فاعل + فعل + مفعول بی‌واسطه

He's studied the lessons. — درسارو خونده

د) فاعل + فعل + مفعول باواسطه + مفعول بی واسطه

Louis bought me a gift. — لُوییس واسم کادو گرفت

ه) فاعل + فعل + مفعول + متمم

He made her a superstar. — تبدیل به سوپراستارش کرد

۲. جملات مرکب (Compound Sentences)

جملاتی هستند که از دو بند اصلی تشکیل شده‌اند. اتصال بین دو جمله ساده از سه طریق صورت می‌پذیرد:

الف) از طریق حروف ربط هم پایه: (for, and, nor, but, or, yet, so)

چنانچه این دسته از حروف ربط در جمله به کار روند به وسیله ویرگول از جمله قبل خود جدا می‌شوند.

She happily announced her admission, **but** no one got happy

باخوشحالی خبر انتخاب شدنشو اعلام کرد، ولی هیچکس خوشحال نشد.

The sky is rainy, **and** we have decided to go on a picnic.

هوا بارونیه و ما تصمیم گرفتیم یه گردشی بریم.

They had no ice-cream left at home, **nor** did they have money to go to the store.

نه بستنی ای توخونه داشتن و نه پولی که برن بگیرن

His daughter teased the other guests a lot, **yet** he bought her a doll.

با اینکه اینقد دخترش مهمونا رو اذیت کرد، بازم واسش عروسک خرید.

ب) از طریق نقطه ویرگول (;) و یا ویرگول (,):

در صورت عدم استفاده از حروف ربط می‌توان دو جمله مستقل را با استفاده از نقطه ویرگول و یا ویرگول به جمله مرکب تبدیل کرد.

I met Christian last night**; he**'s making a recovery.

دیشب کِرسشِن رو دیدم داره حالش بهتر میشه.

Italy is my favorite country**;** I plan to spend two weeks there next year.

ایتالیا کشور مورد علاقمه. واسه سال دیگه یه برنامه دوهفته ای واسش ردیف کردم.

ج) با استفاده از قیود ربطی:

ما قبل این نوع قیود ربط، نقطه ویرگول و پس از آن ویرگول به کار می‌رود.

therefore, consequently, thus, accordingly, else, otherwise, moreover, besides, in addition, furthermore, also, indeed, however, hence, still, nevertheless, nonetheless

Adam tried his best for the exam**; however,** he failed it.

آدِم نهایت زورشو واسه امتحان زد، حالا بماند که افتاد.

Jeremy kept talking in class**; therefore,** he got in trouble.

جرِمی همینطور یه ریز تو کلاس حرف زد و همینم واسش دردسر شد.

I have to get the manager's car washed**; in addition**, I have some errands to run.

باید ماشین مدیر رو بدم کارواش، چندتا ماموریتم دارم.

You need to concentrate on your studies**; otherwise**, you'll fail the class.

باید روی درسهات تمرکز کنی وگرنه رفوزه ای.

Christopher was determined to get high marks**; nevertheless**, he did not pass.

کریستوفر توقع نمرات بالایی داشت ولی قبول نشد.

۳. جملات پیچیده (Complex Sentences)

آن دسته ازجملاتی که دارای **یک بند اصلی** و **حداقل یک بند وابسته** باشند.

به روشهای زیر می‌توان جملات پیچیده ساخت:

الف) بندهای موصولی

I met a person **who was** very rich yesterday morning.

دیروز صبح یه آدم پولداری رو ملاقات کردم.

Anyone **who tries** smartly can achieve success.

کسی که هوشمندانه تلاش کنه موفق میشه.

ب) بندهای اسمی

She never knew **that** I loved her. هیچوقت نفهمید عاشقشم

ج) بندهای قیدی

Were you pleased **when** Alice received the letter? ذوق زدی وقتی آلِس نامه رو گرفت؟

د) مصدر و ساختارهای ing دار

To get more information, you have to keep in touch with our company.

جهت دریافت اطلاعات بیشتر، میبایس با شرکت ما درارتباط باشین.

Being so happy and delighted, she invited all her friends to her house.

از خوشحالی بی حد و اندازش، کل دوستاش رو دعوت کرد خونش.

۴. جملات مرکب پیچیده (Compound- Complex Sentences)

حداقل دو بند اصلی و یک بند وابسته را دارا بوده و به کمک حروف ربط ساخته می‌شوند.

Kate doesn't like cartoons **because** they are loud**, so** she doesn't watch them.

کِیت از کارتون دیدن خوشش نمیاد چون سروصدا زیاد دارن. در نتیجه نگاهم نمیکنه.

Even though she was very tired, Abbey had to finish her tasks**, and** she kept working. اَبی علی رغم خستگی زیاد، مجبور بود کاراشو تموم کنه به همین خاطر به تلاش ادامه داد

I usually take a walk every day**, while** the sun sets**, but** it was raining today.

معمولا تا غروب پیاده روی میکنم که از قضا امروزم هوا بارونی بود.

چگونگی تشخیص یک جمله مرکب از پیچیده

چنانچه یک بند اسمی با حرف ربطی همپایه به هم متصل شده باشند، جمله از نوع مرکب بوده و چنانچه دو بند اسمی با حرف ربطی غیرهمپایه بهم متصل شده باشند، به آن جمله پیچیده می گویند.

This class is too big**, but** that class is too small.

این کلاس خیلی بزرگ، ولی اون یکی خیلی کوچیکه.

Whenever he felt lonely, Lance called his mother.

هرموقع لَنس احساس تنهایی میکرد، به مامانش زنگ میزد.

Part A

1. Compound sentences are made up of two (or more) ....
a) words b) phrases c) dependent clauses d) independent clauses

2. The two parts of a compound sentence can be joined using ....
a) a coordinating conjunction b) a correlative conjunction
c) a conjunctive adverb d) all of the above

3. Which of the following sentences is punctuated correctly?
a) "I love swimming but my brother enjoys hockey."
b) "I love swimming, but my brother enjoys hockey."
c) "I love swimming; however, my brother enjoys hockey too."
d) "I love swimming; my brother, enjoys hockey."

4. Complete the following compound sentence with the correct conjunction:

"He's a great rock climber; .... , he's a terrible skier."

a) and b) but c) however d) as a result

5. Complete the following compound sentence with the correct conjunction:
"I don't mind what we do tonight. We could go bowling ...... see a movie."
a) and b) or c) on the other hand d) likewise

Part B

با استفاده از جملات زیر، جملات مرکب، پیچیده و یا پیچیده - مرکب تازه بسازید.

1. I met a man. His sister knows you.
2. Does he need help? I wonder!
3. The world is round. It's a fact.
4. Scarlett seems happy. She can't find a job.
5. I saw your brother. He came here. He was talking to the boss.
6. Bob works for a company. It makes plastic.
7. The soup was too hot. I had warmed it in the microwave. (because)
8. My dad laughed. I told my family a joke. (when)
9. I am tall. She is short. (but)
10. Eric loves her sister. She loves him. Because she always helps him with his tasks. (just/ as/ back/ because)
11. She is so cute. She treats very kindly. (moreover)
12. The dog needed a new leash. Jack couldn't take it for a walk. It had one. (and, until)
13. The child is hungry. He will never eat oatmeal. He will always eat ice-cream. (even/ but)
14. I go home, I will eat dinner. (when)
15. The dog ran off. I didn't care. (however)
16. I went to the store. My parents wanted me to pick up some milk. I didn't have enough money. (when/ but)

Chapter 6: Types of Sentences, Clauses, Phrases and Participles

𝒳 𝒳 𝒳

𝒳 𝒳

𝒳

x x x

x x

x

Clauses

به طور کلی جمله‌واره، گروهی از کلمات را گویند که دارای یک فعل و فاعل می‌باشد.

جمله‌واره انواع مختلفی دارند که به دو دسته کلی جمله واره **مستقل** و **وابسته** تقسیم می‌شوند:

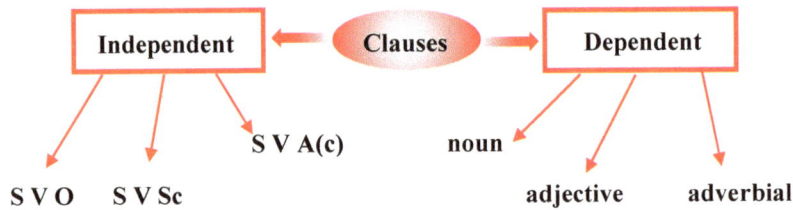

جمله واره مستقل (Independent Clause)

آن دسته از جملاتی که به تنهایی دارای معنای کامل می‌باشند.

جمله واره‌های مستقل سه گروه هستند و هر کدام به شرح زیر می‌باشند:

1. S V O

مفعول همیشه در پاسخ به فعل به کار می‌رود و به شرح زیر تکمیل‌کننده فعلِ جمله می‌باشد.

۱) **مفعول بی واسطه (direct object):** که در پاسخ **"چه کسی/چیزی را"** به کار می‌رود.

۲) **مفعول با واسطه (indirect object):** که در پاسخ **"به چه کسی/ چیزی"** یا **"برای چه کسی/ چیزی"** استفاده می‌شود.

نکته: جمله‌ای وجود ندارد که دارای مفعول با واسطه اما فاقد مفعول بی‌واسطه باشد.

به عبارتی دیگر، جمله‌ای که تنها یک مفعول داشته باشد، بی‌واسطه است.

۳) **افعال متعدی (transitive verbs):**

آن دسته از افعالی که ملزم به دارا بودن مفعول هستند.

She gave Jack a letter. — یه نامه به جک داد

I want a pet. — حیوون خونگی میخوام

نکته مهم: هر آنچه قبل و بعد از یک جمله به کار رود، صرفاً به عنوان تکمیل کننده خواهد بود.

2. S V Sc

متمم فاعل **(Subject of Complement)**، تکمیل کننده فاعل می‌باشد و برخلاف مفعول که در پاسخ به فعل به کار می‌رود، متممِ فاعل توضیحات تکمیلی در وصف فاعل را دارا می‌باشد و فعل مورد استفاده در این نوع از جمله‌واره مستقل، از مشتقات فعل **be** می‌باشد.

I am American. من امریکایی ام

The weatherman must be wrong about today's forecast.

کارشناس هوا درمورد وضعیت آب و هوای امروز باید اشتباه کرده باشه.

3. S V A(C)

به این دلیل **A** را **Adverbial** می‌نامند که در جواب **why, how, when, where** در وصف فعل به کار می‌رود.

I went to the bank. رفتم بانک

Maggie lives in London. مَگی ساکن لندنه

Carol reads for pleasure. کَرُل از سرخوشی مطالعه میکنه

توجه۱: می‌توان موارد فوق را تا آنجایی که جمله از نظر گرامری صحیح باشد، به شکل ترکیبی نیز استفاده کرد.

توجه۲: متممِ جمله می‌تواند مصدر، جراند، وجه وصفی و هر نوع جمله دیگری باشد.

I went to the store to buy some bread for breakfast this morning.

صبح رفتم مغازه یه چنتا نون واسه صبحانه بگیرم.

جمله واره وابسته (Dependent Clause)

آن دسته از جملاتی که به تنهایی معنای کاملی نداشته و وابسته به جمله‌واره مستقلِ بعد، یا قبل از خود هستند، جمله واره وابسته نام دارند.

جمله واره‌های **وابسته** نیز سه دسته می‌باشند:

بند اسمی **بند وصفی** **بند قیدی**

English for Eager Beavers

بند اسمی (Noun Clause): جمله‌واره‌ای وابسته است که در جمله نقش اسمی دارد و با حروف ربط زیر آغاز شود:

whose, whom, who, if, whether, that, what, which, when, why, where, how, whatsoever, who/m, when, what, which, ــ ever

جمله‌واره‌های اسمی به چهار دسته تقسیم می‌شوند:

۱) به عنوان فاعل جمله:

<u>What their names are</u> doesn't matter to me.   اینکه اسمشون چیه واسه من اهمیتی نداره
<u>What you wore to the party</u> really turned some heads.
چیزی که تو توی مهمونی پوشیده بودی، انصافا خیلی جیغ بود.
<u>Whoever wants to know</u> should ask me.   هرکس می‌خواد بدونه، باید از من بپرسه
<u>That she doesn't like her job</u> is obvious.   اینکه کارشو دوست نداره مشخصه
<u>What you do in your free time</u> is your business.
هرکاری که در تو اوقات فراغتت میکنی، به خودت مربوطه.

۲) به عنوان مفعول و یا متمم فاعل:

Please, ask mom <u>what we're having for dinner</u>.   لطفا از مامان بپرس شام چی داریم
I don't know <u>if she is coming today</u>.   نمیدونم امروز میاد یا نه
Jack isn't <u>what is generally considered handsome</u>.
جک اونقدرام که همه تصور میکنن، خوشتیپ نیست.
She said <u>(that) she was sorry</u>.   گفت شرمنده

۳) مفعول حرف اضافه:

I looked at <u>what they'd done</u>.   به آنچه انجام داده بودن نگاهی انداختم
I don't worry about <u>what others think</u>.   من نگران تفکرات مردم نیستم
Sarah should not be held responsible for <u>what her brother does</u>.
سارا که نباید مسئول کارای برادرش باشه.
It's more a question of <u>whom she said it</u> to than <u>why she said it</u>.
سوال بزرگتر اینه که کی بهش گفته، تا اینکه چرا خودش گفته.

۴) متمم وصفی

I'm happy that you have decided to come. خوشحالم که تصمیم گرفتی بیای

She is unsure if her father is coming. مطمئن نیست پدرش میاد یانه

Adjective Clause

بند وصفی جهت توصیف یک اسم (مرجع) به کار می‌رود و از آنجا که ضمایر موصولی از قبیل: that, which, who, whom, whose, when, where, (why) استفاده می‌شود به آن بند موصولی نیز گفته می‌شود.

بند وصفیِ وابسته، به دو دسته تقسیم می‌شود:

۱) مشخص کننده‌ها (Identifying): مستقیماً اسم را معرفی می‌کنند، همیشه حرف تعریف **the** را به همراه دارند و **بدون ویرگول** در جمله به کار می‌روند.

The man who sold me this cell phone is here. مردی که این گوشیو بهم فروخت، اینجاست

The girl who loves you so much sat on that chair.

دختری که عاشقته نشست روی اون صندلی.

The pen which you were looking for belonged to Nicole.

خودکاری که دنبالش میگشتی مال نیکُله.

I can't remember the person who stole your wallet. اونی که کیف پولت رو زد یادم نمیاد

۲) غیرمشخص کننده‌ها (Non-identifying): توضیح اضافی در مورد یک اسم را ارائه می‌دهند و از آنجا که وجودشان در جمله ضروری نیست **بین دو ویرگول** قرار داده می‌شوند.

My high school French teacher, who beat me so much, sent me a book.

معلم فرانسه دوران دبیرستانم که خیلیم کتکم میزد، واسم کتاب فرستاد.

Dr Smith, who lives next door, is a retired surgeon.

دکتر اسمِت، که خونه بغلی زندگی‌میکنه، جراح بازنشسته س.

Eric met a girl whose dress was very fancy.

اِریک یه دختری رو ملاقات کرد که لباسش خیلی جیغ بود.

نوع دیگری از انواع بند وصفی، به عنوان بند وصفی **موقعیتی (situational)** می‌باشد که با توجه به وضعیت جمله می‌تواند به کار برود.

I bought myself a motorcycle for my birthday, which made my wife crazy.

واسه تولدم یه موتور گرفتم که همسرمَم دیوونه کرد.

نکته مهم: در بندهای وصفی بجای **(اسم + whose)** می‌توان از **(اسم + of which)** به همراه the نیزاستفاده کرد. (فصل ضمایر)

We had a discussion **whose purpose** was thoroughly unclear.
We had a discussion **the purpose of which** was thoroughly unclear.

یه گفتگویی داشتیم که هدفش از بیخ گُنگ بود.

She's sung a poem **whose name** I've forgotten.
She's sung a poem **the name of which** I've forgotten.

یه شعری خونده که اسمشو یادم رفته.

Adverbial Clause

بندهای قیدی، توصیف کننده‌ی فعل، صفت و یا قید دیگر می‌باشند و درباره آن‌ها اطلاعات بیشتری می‌دهند. مهمترین ویژگی بندهای قیدی ایجاد رابطه بین دو جمله می‌باشد و انواع مختلفی دارد:

when, while, as, after, before, since, until, till, as soon as, once, whatever, by the time (that)

place: where, wherever, anywhere, everywhere
manner: as, as if, as though
comparison: than, as…….. as
reason: because, as, since
purpose: so (that), in order that
result: so, therefore, thus, so……, that, such that
condition: if, whether or, unless, in case, provided (providing) that
contrast: although, though, even though, while, whereas, but, however

Although he tried his best, he couldn't win. هرچند نهایت تلاشش رو کرد، اما برنده نشد

If you help me pass the test, I'll buy you dinner.

اگه کمکم کنی امتحان رو قبول شم، شامت با من.

I lent her my notes because she missed too many sessions.

جزوه هامو بهش قرض دادم چون کلی از جلساتو نبود.

کلید: فاعل و فعل جمله اصلی را پیدا کنید سپس متمم‌ها یکی پس از دیگری نمایان خواهند شد.

When my mother, who was only 19 when she had me, told me I should wait until I got older to marry Adrian, I knew she was very delighted I met the right person.

وقتی مامانم که در ۱۹ سالگی منو داشت، گفت باید صبر کنم تا بزرگتر بشم و با اَدرین ازدواج کنم، میدونستم ازینکه آدم درستی نصیبم شد خوشحاله.

John loves Mary, and Mary loves John. جان عاشق مِریه و مِری هم عاشق جان

توجه۱: هرجمله می‌بایست حداقل یک جمله‌واره مستقل داشته باشد و چنانچه درآن یک حرف ربط همپایه **(coordinating conjunction)** وجود داشته باشد، می‌تواند دو، سه یا حتی بیشتر نیز دارا باشد.

در فصل بعد حروف ربط را به شکل کامل بررسی خواهیم کرد.

توجه۲: **if & whether** که هر دو به معنای "که آیا" می‌باشند، در جمله‌واره‌هایی که نقش مفعولی دارند به کار می‌روند. اما چنانچه جمله‌واره **نقش فاعلی** داشته باشد از **whether** استفاده می‌شود.

I don't know **whether** she is a dentist or not. نمیدونم دندون پزشکه یا نه

Whether she is a dentist **or not** is unclear.(subj) مشخص نیست دندون پزشکه یا نه

فرق بین بند اسمی و وصفی دراین است که **بند اسمی**، بجای فاعل، مفعول و یا مفعولِ حرف اضافه می‌باشد، درحالیکه **بند وصفی**، بلافاصله پس از اسم بکار می‌رود.

دو جمله زیر را مقایسه کنید:

The boy who hurt his arm is my cousin. **(adjective clause)**

پسری که بازوش صدمه دید پسردایی منه.

The food that I ate last night made me sick. **(noun clause)**

غذایی که دیشب خوردم حالمو بد کرد.

Part C

جملات زیر را کامل کنید.

1. This is the man .... rescued my daughter.
2. She didn't remember the time .... we had divorced.
3. The man .... kitten you found is very old.
4. Can I have the pencil .... I gave you this morning?
5. The boy .... playing in the yard hurt his arm.
6. The boy ....won the race is called Victor

Part D

درجای خالی کلمه مناسب جای دهید.

1. The oldest tree in this part of the country is the ash tree,................... .
   a) which it is thousands of years old
   b) which may be thousands of years old
   c) which it may be thousands of years old
   d) its age thousands of years old
2. This is the pair of shoes which I have to................ to Diane.
   a) give back   b) give it back
   c) give them back   d) give back them
3. Identify the part of speech:
What Sarah forgot to mention was that her spouse who was the CEO of Microsoft and makes lots of money, which is why she can afford all of her holidays.

Chapter 6: Types of Sentences, Clauses, Phrases and Participles   M.H.Zahedi

𝒴 𝒴 𝒴

𝒴 𝒴

𝒴

𝓎 𝓎 𝓎

𝓎 𝓎

𝓎

English for Eager Beavers

Phrases

عبارات اسمی (Noun Phrases)

عباراتی هستند که دارای یک اسم بوده و در نقش فاعلی، مفعولی و یا متمم جمله بکار می‌روند.

Her car was awesome.	ماشینش معرکه بود
I saw her car.	ماشینشو دیدم
I talked about her car.	درمورد ماشینش حرف زدم

عبارت وصفی (Adjective Phrases)

عباراتی هستند که یک اسم (مرجع) را توصیف می‌نمایند و در واقع شکل کوتاه شده بند وصفی **(adjective clause)** هستند. (فصل ضمایر، چگونگی حذف ضمیر موصولی) عبارت وصفی همانند بند وصفی دو نوع می‌باشد؛ **معلوم و مجهول**.

الف) جمله معلوم:

The man **playing with children** is my grandpa.

مردی که داره با بچه ها بازی میکنه، پدربزرگ منه.

The boys **wanting ice-cream** should stand there.

پسرایی که بستنی میخوان، باید اونجا وایسن.

ب) جمله مجهول:

She knows the people invited to the party.   اونایی که مهمونی دعوت شدن رو میشناسه

The city demolished belonged to our ancestors.   شهری که ویران شد، مال اجدادمون بود

نکته مهم: چنانچه پس از فعل **to be** یک صفت یا اسم داشته باشیم، جهت تبدیل آن به عبارت وصفی، آن را بلافاصله پس از مرجع بکار می‌بریم.

This is the lady interested in pop music. ایشون خانومی هستن که به موسیقی پاپ علاقه مندن

Tehran, the capital of Iran, is threateningly polluted.

تهران، پایتخت ایران به شکل خفنی آلوده س.

Chapter 6: Types of Sentences, Clauses, Phrases and Participles M.H.Zahedi

عبارت قیدی (Adverbial Phrases)

عباراتی هستند که فعل را توصیف کرده و شکل کوتاه شده‌ی بندهای قیدیِ زمان و علت هستند.
عبارات قیدی دارای خصوصیات زیر می‌باشند:

۱) با فعل **ing** دار همراه می‌شوند.

۲) باعلامت "," از جمله بعدی جدا می‌شوند.

۳) فاعل عبارت وصفی و فاعل جمله بعد، یکی است و بلافاصله پس از ویرگول بکار می‌رود.

Limping painfully, Ivan crossed the finish line. باحال زار، آیون ازخط پایان رد شد

Crossing the street, Alex fell down. اَلکس موقع رد شدن از خیابون خورد زمین

Feeling tired, I took a shower. حسِ خستگی باعث شد یه دوش بگیرم

چنانچه دوجمله جابه جا شوند، تنها ویرگول از بین می‌رود.

Alex fell down crossing the street.

ضمنا قبل از چنین عباراتی، ممکن است از **while** یا **when** نیزاستفاده شود.

While making a salad, I cut my finger. وسط سالاد درست کردن، انگشتم برید

When cleaning the house, her father entered. حین تمیزکاری خونه، باباش اومد تو

اگر در جمله حرف ربط **because** وجود داشت، جهت ساخت عبارت قیدی، **because** حذف می‌شود و چنانچه فاعل با یکی از مشتقات فعل**be** همراه بود به **being** و در غیر این صورت فعل مورد نظر به شکل **ing** جایگزین می‌شود.

Because he **was** very fat, he couldn't get into the car.
Being very fat, he couldn't get into the car.

از بس چاق بود تو ماشین جا نشد.

Because she **liked** to have fun, she started telling jokes.
Liking to have fun, she started telling jokes.

میخواست خوش بگذرونه، دیگه شروع کرد جوک گفتن.

هرگاه دوعمل یکی قبل دیگری انجام شود، عملی که ابتدا انجام شده به صورت **having +p.p** (عبارت کامل) بکار می‌رود که معادل با گذشته کامل می‌باشد.

Having eaten our dinner, we went home.
When we had eaten our dinner, we went home. بعدِ شام، رفتیم خونه

عبارات قیدی کامل، ممکن است در زمان حال و یا آینده نیز استفاده شود.

Waking up every morning, I make a big table of items for my breakfast.

صبح ها که بیدار میشم واسه صبحانه یه میز با کلی مخلفات میچینم.

Having visited the museum, we will go to the cinema.

بعدی که موزه رو دیدیم، میریم سینما.

عبارت فعلی (Verbal Phrase)

کلماتی که دارای یک فعل بوده و نقش‌های مختلفی دارند. عبارات فعلی براساس فرم، به سه گروه تقسیم می‌شوند:

Participial phrase: They always spend their money buying useless stuff.

همیشه پولاشونو صرف خرید چیزهای الکی پَلَکی میکنن.

Gerund phrase: She denied taking any money from the bank.

برداشتن پول از بانک رو انکار کرد.

Infinitive phrase: I dislike this news to be made public.

خوش ندارم این خبر علنی شه.

فرق **participle** و **participial**: هردو شکل **ing** فعل هستند. **participle** در نقش صفت و یا **tense verb** می‌باشد اما **participial** عموما به همراه متمم و دیگر اجزاء جمله می‌باشد.

عبارت حرف اضافه‌ای (Prepositional Phrase)

به گروهی از کلمات گویند که با یک حرف اضافه آغاز و به یک اسم یا ضمیر ختم می‌شوند. اسم یا ضمیری که در پایان چنین عباراتی بکار می‌رود، مفعول حرف اضافه نام دارد.

She goes to work **in the morning**. صبح ها میره سرکار

Joel's speech **about motivation** was awesome. سخنرانی جول درمورد انگیزه عالی بود

Participles

وجه وصفی: همانطور که گفته شد وجه وصفی، به عنوان **tense verb** و یا عموما صفت بکار می‌رود و در سه حالت استفاده می‌شود:

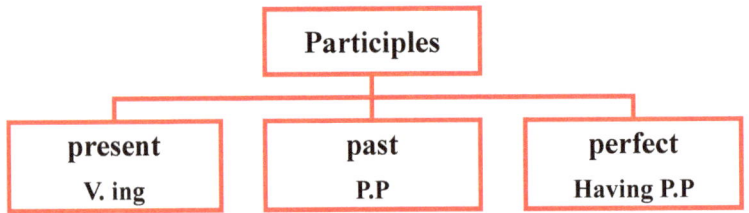

Present Participle

وجه وصفی حال: به عنوان صفت و یا فعل به صورت **ing** ظاهر می‌شود و اسم بعد خود را توصیف می‌کند.

Margaret really likes the dancing doll. مارگارت واقعا از عروسک رقاص خوش میاد

He jumped from a running train. از قطارِ درحال حرکت پرید بیرون

She sold her working machine. ماشین کارشو فروخت

The winning athlete got a trophy. ورزشکارِ برنده، نشان افتخار گرفت

Look at the running water! It's wonderful! آب جاری رو ببین. فوق العاده س

فرق اسم مصدر(Gerund) ، وجه وصفی(Participle)

از آنجا که در جمله هردو به شکل **ing** بکار می‌روند، تفاوت در نقش آنهاست. اسم مصدر همیشه به عنوان اسم و حالات آن بکار می‌رود و وجه وصفی می‌تواند به عنوان فعل، یا صفت بکار رود.

Travelling can be expensive. سفرکردن میتونه گرون دربیاد

Antony got tired of working. اَنتنی از کار کردن خسته شد

Many is travelling to Europe. مندی درحال سفربه اروپاس

The travelling salespeople entered the town. فروشنده های دوره گرد وارد شهر شدن

Past Participle

با استفاده از شکل سوم فعل، اسم بعد خود را به عنوان صفت توصیف می‌کند.

The broken glass cut my foot. لیوانِ شکسته پامو برید

The burned toast tasted awful. نونِ سوخته مِزه بدی میده

A disappointed person can never be motivated.

یه انسان ناامید هیچوقت نمیتونه باانگیزه شه.

We had grilled steak and mashed potato for lunch.

واسه ناهار گوشت سیخی و سیب زمینی خورد شده داشتیم.

The treasure had remained hidden under tons of fallen rocks for years.

گنج سالها زیرِ خَرواری از تیکه های سنگ مخفی باقی مونده بود.

Perfect Participle

وجه وصفی کامل که شامل معلوم و مجهول می‌باشد، زمانی استفاده می‌شود که دوعمل، یکی پس از دیگری رخ داده باشد. همانطور که گفته شد، آن عمل که اول رخ داده است به شکل **(مفعول + having p.p)** و عمل دوم به صورت گذشته ساده بکار می‌رود.

Having edited the video, I started uploading it. معلوم

بعدِ ادیت فیلم، آپلودش کردم.

Having finished her homework, she went shopping.

بعدی که تکالیفشو تموم کرد، رفت خرید.

Having been defeated, Kelly began to cry. مجهول

بعدِ شکست، کِلی نشست به گریه کردن.

Having been expelled, I called my brother.

بعد از اخراج شدن، زنگ زدم به داداشم.

Chapter 6: Types of Sentences, Clauses, Phrases and Participles   M.H.Zahedi

Part E

بندهای اسمی زیر را به عبارات مناسب تبدیل کنید.

1. The cat that broke the window belongs to Robert.
2. Before I went to work, I took a shower.
3. Most of the students who took the exam failed.
4. Because Jack didn't want to hurt her feelings, he didn't tell her the truth.
5. The movie which was about poor families got very popular.
6. Because I had forgotten to take my pills, I felt sick.
7. I really hate the people who make fun of others.
8. Rachel showed me some pictures that were painted by her brother-in-law.

Part F

گزینه صحیح را انتخاب کنید.

1. Sherlock was feeling sick. He called a physician.
   In other words, ………….. sick, Sherlock called a physician.
   a) felt   b) feeling   c) having felt   d) to feel
2. **A:** Did Suzan leave the room after turning off the light?
   B: Yes, ………….the light, she left the room.
   a) turned off   b) to turn off   c) turning off   d) having turned off
3. ……….. the whole day, the children went home happily.
   a) Having swum   b) Swimming   c) Swam   d) To be swam
4. ………. the zoo, the tourists will go back to the hotel.
   a) Visiting   b) While visiting   c) Visited   d) Having visited
5. He fell and broke his head while ………the roof.
   a) repairing   b) having repaired   c) to be repairing   d) to repair
6. What is that handsome boy's name?" "I can't remember …………."
   a) his name what is   b) his name is what
   c) what his name is   d) what is his name
7. …………..the street, Joey got into his car.
   a) Crossing   b) Having crossed   c) To cross   d) Crossed
8. I know the address. Jason is looking for it.
   In other words, I know the address …………... .
   a) that he is looking for   b) which he is looking for
   c) that Jason is looking for it   d) which Jason is looking for

9. Richard had a terrible accident………..… too fast.
a) to drive   b) having driven   c) while driving   d) when was driving
10. My ex-wife, ……. you never met, married last week.
a) who   b) to whom   c) whose   d) with whom
11. Alexander went to work……….. breakfast.
a) having   b) when have had   c) have   d) having had
12. …….. the way, I asked a policeman for the direction.
a) Not know   b) Didn't know   c) Not knowing   d) Not having known
13. Which sentence is grammatically wrong?
a) Most of the cars made in this factory are exported.
b) She could see a boat floating across the river.
c) The lady injuring in the accident was taken to hospital.
d) Who were those people waiting outside?
14. ………… to his boss, she angrily left the office.
a) To have been spoken   b) Speaking
c) To speak   d) Having spoken

Part G

با توجه به کلمات داخل پرانتز، وجه وصفی بسازید.

1. We designed new things and stuff for the restoration of the building.(damaged)

2. The racecar was greeted with loud cheers. (returning)

3. I handed the envelop to the mail carrier. (crumpled)

4. This book includes many interesting facts about birds. (illustrated)

5. The carpenter will fix the chair. (broken)

Chapter 6: Types of Sentences, Clauses, Phrases and Participles   M.H.Zahedi

Part H

نقش کلمات مشخص شده را با توجه به اسم مصدر(G) یا وجه وصفی (P.P) مشخص کنید.

1. Is she **beginning** to know him?
2. **Ordering** pizza really gives me an appetite.
3. **Listening** to pop music always makes me feel fruitful.
4. Jane loves **swimming** a lot.
5. **Working** in a mine is **tiring**.
6. My grandma and I watched an **exciting** movie.
7. The girl was **crying** when I called her father.
8. **Staring** at people is rude.
9. After **doing** a lot of work, I got knackered and went home.
10. The man **speaking** English is my professor.

Y Y Y

Y Y

Y

Z Z Z

Z Z

Z

Chapter 7: **Conjunction**

حروف ربط که به عنوان متصل کننده دو یا چند جمله هستند، به سه دسته تقسیم می‌شوند:

حروف ربط هم پایه   **حروف ربط غیر هم پایه**   **حروف ربط دو قسمتی**

حرف ربط **هم پایه** (Coordinating Conjunctions)

حرف ربط هم پایه، متصل کننده عبارات و جملات مستقل به یکدیگر می‌باشد.

مهمترین حروف ربط **هم پایه** عبارتند از: for, and, nor, but, or, yet, so

Frederick **and** I are friends.
فردریک و من دوستیم

Would you take tea **or** coffee?
چای میل دارید یا قهوه ؟

The troops embarked rapidly **but** without confusion.
دسته سربازا، بدون سردرگمی به سرعت سوارشدن.

Noon came, **and** the tasks were still unfinished.
ظهر شد و کارها همچنان ناتموم بود

We must hide here until the night falls, **and** the street is deserted.
باید همینجا مخفی شیم تا هوا تاریک شه و خیابونا خلوت.

He was sturdy **but** ugly.
خوش هیکل آره ولی زشت بود

The teacher replied courteously **but** firmly.
معلم مودبانه، ولی محکم پاسخ داد

نکته مهم: استفاده از ویرگول قبل از حروف ربط همپایه بین جملات مستقل الزامی‌است.

We were hungry**, for** we hadn't eaten for 5 hours.
گرسنمون بود چون پنج ساعت بود هیچی نخورده بودیم.

نوع دیگری از حروف ربط همپایه، حروف ربط قیدی می‌باشند که در این گروه قرار می‌گیرند.

حروف ربط قیدی نیز متصل کننده دو جمله مستقل به یکدیگر می‌باشند.

مهمترین حروف ربط **قیدی** عبارتند از:

however, moreover, therefore, nevertheless, notwithstanding, furthermore, consequently

I went shopping after work**;** however**,** I didn't find the dress I was looking for.
از سرکار رفتم خرید، هرچند لباسی که میخواستمَم گیر نیاوردم.

◈ The album sold over 2 million copies**;** moreover**,** it won a Grammy.
◈ بیش از دو میلیون کپی از آلبوم فروش رفت. تازه، برنده بهترین جایزه ام شد.

همچنین می‌توان دو جمله مذکور را به شکل مجزا بیان کرد:

The album sold over 2 million copies. Moreover, it won a Grammy.

حروف ربط قیدی می‌توانند در وسط یا آخر جمله نیز به کار روند:

The additional parking lot, **however,** did not provide enough spaces to accommodate all the cars.

The additional parking lot did not provide enough spaces to accommodate all the cars, **however**.

پارکینگ جدیده که درست کردن، واسه همه ماشینا ظرفیت نداره.

حروف ربط غیر هم پایه (Subordinating Conjunctions)

متصل کننده یک جمله‌واره وابسته به جمله بعد آن می‌باشند.

به عبارت دیگر، حروف ربط غیرهم پایه نشان دهنده رابطه بین جمله وابسته و مستقل می‌باشند.

مهمترین حروف ربط غیر هم پایه عبارتند از:

although, though, as if (as though), as, because, if, since, that, unless, whereas, while.

هنگامی که یک جمله وابسته در ابتدا قرار می‌گیرد، به کمک ویرگول آن را از جمله مستقل جدا می‌کنیم.

Though she saw the danger, Martha was not afraid.

هرچند که مارثا دید درخطره ولی نترسید.

If you wouldn't mind, I could help Jack.

اگه از نظر شما مشکلی نباشه، من میتونم به جک کمک کنم.

Because the weather was stormy, we couldn't go on a picnic.

ازونجا که هوا طوفانی بود، نتونستیم بریم صفا سِتی.

چنانچه دو جمله مستقل و وابسته را جابجا کنیم علامت ویرگول حذف می‌شود.

Martha was not afraid though she saw the danger.

Chapter 7: Conjunction M.H.Zahedi

حروف ربط دو قسمتی (Paired Conjunctions)

حروف ربطی هستند که دو قسمتی بوده و متصل کننده دو وجهِ گرامری به صورت مساوی به یکدیگر می‌باشند.

مهمترین حروف ربط دو قسمتی عبارتند از:

and........both	both........and	not only........but also
either........or	neither......nor	although.....yet
though.......yet	since......that	if......then

Both lions and wolves are carnivores. شیر و گرگ هردوشون گوشتخوارن

William II was not only the German emperor but also the king of Prussia.
ویلیام دوم، امپراطور آلمان بود که بماند، پادشاه پروشا هم بود.

Either London or Paris will be chosen. حالا یا لندن انتخاب میشه یا پاریس دیگه

Neither Kyle nor Sally was ready. نه کایل آماده بود، نه سَلی

She asked me whether I was Canadian or Australian. ازم پرسید کانادایی ام یا استرالیایی

Though the roads were very bad, yet he managed to reach the city before midnight. با وجود اینکه جاده ها ناجور بود، طوری زمان بندی کرد که تا نصف شب به شهر برسه

Although she apologised me, still I cannot believe she says she is telling the truth. هرچند ازم عذر خواهی کرد، ولی هنوزم نمیتونم باور کنم که راستشو میگه

Since four is the square of two, therefore two is the square root of four.
از اونجا که ۴ مربعِ دو هستش، پس دو هم رادیکالِ ۴ میشه.

If Alan's testimony is true, then David's must be false.
اگه مدرک اَلن صحت داره، پس شهادت دِیود قابل قبول نیست.

نحوه استفاده از حروف ربط دوقسمتی

قسمت‌های مشترک دو جمله را حذف می‌کنیم. سپس **قسمت اول** ربطی را قبل از باقی مانده قسمت اول، و **قسمت دوم** ربطی را قبل از باقی مانده جمله دوم قرار می‌دهیم.

به جملات زیر توجه کنید:

John got happy. Nicole got happy.
Both John **and** Nicole got happy. جان و نیکُل خوشحال شدن
Not only John **but also** Sarah got happy. نه تنها جان حتی سارا هم خوشحال شد
Either John **or** Sarah got happy.

English for Eager Beavers

Part A

به کمک ربطی های داخل پرانتز، جملات زیر را به یکدیگر متصل کنید.

1. I can study in my office or in the library (either.... or)
2. They have invited the members of their family. They have invited their friends. (not only.....but also)
3. Logan was tired. Logan went to bed (so)
4. Joshua doesn't enjoy swimming. Betty doesn't enjoy hunting.(neither...nor)
5. Charly bought a cell phone. Charly bought a computer. (not only...but also)
6. Jack is a salesperson. Matthew is a salesperson. (not only but also)
7. Hellen passed the exam. Helen got a good grade. (not only…but also)
8. She met her father. She met her uncle. (both....and)
9. He was beaten pretty bad. He resisted. (yet)
10. Arthur is tall. His friend is tall. (and…..both)
11. He doesn't like espresso. He doesn't like pomegranate juice.
12. They don't have a car. They don't have a house. (neither...nor)
13. We could fly. We could take the train. (not only….but also)
14. The children need book bags. They need new clothes. (not only but also)

Part B

1. She is neither polite ………….. funny.
   a) or   b) nor   c) not   d) yet
2. His two favorite sports are football ………….. tennis.
   a) and   b) or   c) nor   d) , and
3. I paid Larry, ……………… garden design was terrific.
   a) whenever   b) whose   c) after   d) if
4. ……………. the alarm goes off, I hit the snooze button.
   a) As soon as   b) Because   c) Before   d) So that
5. ……. the basement was demolished, we had spent two months cleaning up.
   a) After   b) Although   c) Even if   d) Before

Chapter 7: Conjunction

6. …….. that is the case, ……… I'm not surprised about what's happening.
a) If/ then
b) No sooner/ than
c) Scarcely/ when
d) Whether/ or

7. This salad is…….delicious ……… healthy.
a) whether/ or
b) both/ and
c) rather/ than
d) scarcely/ when

8. I don't want to go to the movies……….. I hate the smell of popcorn.
a) although   b) whenever   c) because   d) so that

9. We had to go to the grocery store, ……… there was nothing in the house to fix for lunch.
a) but   b) because   c) then   d) for

10. Choose the sentence with the best order.
a) a fanatic neither is moderate in his views nor tolerant of other people's views.
b) a fanatic is neither moderate in his views nor tolerant of other people's views.
c) neither a fanatic is moderate in his view nor tolerant of other people's views.
d) a fanatic is neither moderate in his views or tolerant of other people's views.

11. I had studied a lot, ……….. I did really well on the test.
a) so   b) nor   c) but   d) yet

I'm unstoppable today.

I win every single game.

Chapter 8: Preposition

حرف اضافه، کلمه‌ای است که قبل از اسم یا ضمیر قرار می‌گیرد تا ارتباط آن را با قسمت دیگر جمله نشان دهد. کلمه و یا عباراتی که پس از حرف اضافه بکار می‌روند، **مفعول حرف اضافه** نامیده می‌شوند. بنابراین اگر ضمیری پس از حرف اضافه بکار رود باید در حالت مفعولی باشد.

The kitten is <u>under</u> the table.   بچه گربه زیر میزه

I wrote a letter <u>to</u> him.   نامه‌ای به او نوشتم

حروف اضافه انواع مختلفی دارند اما کاربردی ترین آنها عبارتند از: **in, on, at**
در ادامه هر کدام را به صورت مجزا تشریح می‌کنیم.

حرف اضافه in

در مورد زمان:

الف) با اسامی قرن‌ها، سال‌ها، فصل‌ها، ماه‌ها و هفته‌ها. (زمان‌های درشت)

<u>in</u> July, <u>in</u> 2018, <u>in</u> the summer

ب) با اجزای شب و روز به شکل کلی.

<u>in</u> the morning, <u>in</u> the afternoon, <u>in</u> the evening

در مورد مکان:

وقتی به داخل چیزی یا جایی اشاره دارد (چه بزرگ، چه کوچک).

Christ is <u>in</u> Italy now.
We live <u>in</u> that building.
Please, sit <u>in</u> that armchair.

حرف اضافه "on"

در مورد زمان:

با روزهای هفته و ماه بکار می‌رود.

(on) Monday, on the sixth of January

در مورد مکان:

چیزهایی که سطح مماس دارند.

The book is <u>on</u> the table.
We live <u>on</u> Jersey Avenue.
He lives <u>on</u> a farm.

English for Eager Beavers

حرف اضافه at

در مورد زمان:

ساعات و دقایق و پیش از کلمات ظهر-شب و نیمه شب و همچنین زمان‌های محدود.

at four o'clock	at night
at midnight	at noon

در مورد مکان:

مکان‌های محدود که بتوان دور تا دور آن را دیوار کشید.

He is at home.　　　　　　　　　　　　He lives at 24 Romeo street.

حروف اضافه زیر منحصرا در مورد مکان بکار می‌روند.

مترادف	She's sitting **beside** me　,　She's sitting **next to** me.
متضاد	They live **near** the park　,　They live **far from** the park
متضاد	There's a garden **in front of** the house , There's a garden **behind** the house
مترادف	There is a book **on** the table　, There is a book **upon** the table

They live opposite the garden.　　　　　　(وبه روی باغ زندگی می کنن)
The coffee shop is across the bank.　　　　کافی شاپ راسته ی بانکه

تفاوت from و of

حرف اضافه **of** در موارد زیر بکار می‌رود:

الف) برای بیان مقدار یا تعدادی از اشیاء و یا انسانها.

a kilo of sugar　　　　a gallon of gasoline　　　　some of the students

ب) برای بیان مالکیت که برابر با کسره فارسی است.

the color of the wall　　the name of the school

حرف اضافه **from** در موارد زیر بکار می‌رود:

الف) برای بیان اصل و بنیاد اشخاص و اشیا

Where are you from?　　My watch is from Korea.

ب) برای بیان شروع عمل از زمان یا مکان

He goes from his office to class.
The plane flew from Paris to London.
Harry works from morning till night.

حروف اضافه بیانگر حرکت هستند

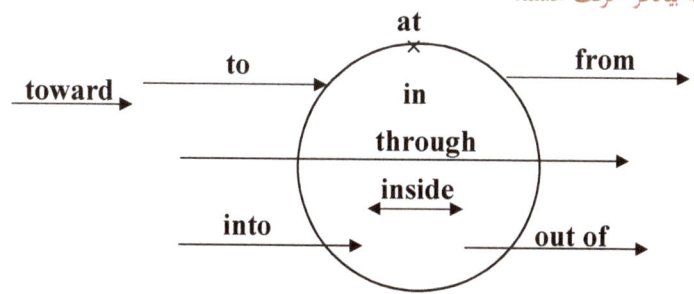

حرف اضافه **between** بین دو شخص یا چیز و **among** برای بیش از دو بکار می‌رود.

Mary is sitting between Annie and Joe. مِری بین آنی و جو نشسته

The letters are among those on the desk. نامه ها قاطی اونای دیگه روی میزه

۱. **above** (بالای- برفراز) چیزی یا محلی که در نقطه‌ای بالاتر قرار داشته باشد.

We flew above the clouds. بر فراز ابرها پرواز کردیم

۲. **over** (بالای- روی) چیزی بالای نقطه‌ی معینی **عمود** باشد.

The ceiling is over my head. سقف عمود بر ماست

۳. **below** (پایین- زیر) متضاد **above**

The river is below the mountains. رودخانه پایین کوهستانه

۴. **under** (پایین-زیر) متضاد **over**

He put his hat under his seat in the cinema. تو سینما کُلاشو گذاشت زیر صندلی

توجه: برای نشان دادن جیوه در دماسنج اصطلاحا بجای **over** و **under** از الگوی زیر استفاده می‌شود.

above zero
below zero

موارد استفاده از by

قبل از اسم بر وسیله یا عامل اشاره دارد. قبل از اشخاص به معنی (عاملِ عمل) که بیشتر در مجهولات است و چنانچه قبل از اشیا واقع شود، معنی (وسیله) می‌باشد.

The letter was mailed by Mandy. نامه توسط مَندی ایمیل شد

She sent the letter by mail. نامه رو به شکل ایمیل فرستاد

قبل از ضمایر انعکاسی به معنای (به تنهایی، بدون کمک دیگری) می‌باشد.

I cleaned the room by myself. خودم اتاقو تمیز کردم

She is by herself now. الان تنهاس

قبل از کلیه وسایل نقلیه به شرطی که بین **by** و وسیله نقلیه هیچ چیز قرار نگیرد.

We went to the theater by taxi. با تاکسی رفتیم تئاتر

چنانچه کلمه یا حرفی بین **by** و وسیله نقلیه قرار گیرد، برای تاکسی و اتومبیل **in** و دیگر وسایل نقلیه **on** بکار می‌رود.

We went to the theater **in** a taxi. با تاکسی رفتیم تئاتر

I usually travel **on** a bus. معمولا با اتوبوس سفر می‌کنم

قبل از **(the)** همراه با پیمانه و اندازه.

Bakers sell bread by the number. معمولا نانواها نون رو دونه ای می‌فروشن

قبل از اسم مصدر که به روش و طریق اشاره دارد.

You can go to the park by taking a taxi. میتونی با تاکسی بری پارک

by به معنای (از کنار- پهلوی) نیز بکار می‌رود. وقتی شخص یا چیزی از کنار شخص یا چیز دیگری بدون توقف عبور کند.

He walked by me without seeing me. بدون اینکه مرا ببیند، از کنارم گذشت

قبل از قید زمان به معنی (پیش از- تا)

By the time tomorrow morning, Frank will have repaired the chairs.

تا فردا صبح، فرَنک صندلیارو تعمیر کرده.

گاهی قبل از اسم به معنای (در کنار- بغل) قرار می‌گیرد.

Please, take a seat by the fire. لطفا کنار آتیش بشین

I would like to sit by the window. میخوام کنار پنجره بشینم

موارد زیر گاها به صورت اصطلاحی بکار می‌روند.

learn by heart از بَر/ حفظ کردن	little by little کم کم
by mistake اشتباها	side by side در کنار یکدیگر
by far از هر حیث	by sight قیافتا
one by one یکی یکی	by God به خدا قسم
by and large روی هم رفته	by and by به تدریج
by all means با کمال میل	by way of از طریق
by the way ضمنا – راستی	bit by bit ذره ذره

موارد استفاده with

۱) قبل از اسامی اشخاص به معنی (به اتفاق- همراه) می‌باشد، در صورتی که **by** وسیله است.

I go to school with my brother. با داداشم میرم مدرسه

I go to school by bus. با اتوبوس میرم مدرسه

۲) قبل از بعضی اصطلاحات و عبارات برای بیان احساسات، عواطف و حالات اشخاص به کار می‌رود.

Jack got red with anger. جک از عصبانیت قرمز شد

۳) جهت نشان دادن خصوصیات و عبارات ظاهری و چهره اشخاص و اشیا.

The man with blue eyes is Mr. Jones. اون مَرده با چشای آبی آقای جونزه

She was blue with cold. داشت از سرما یخ میزد

beneath در زیر	except به جز
against در مقابل	without بدون
beyond آن سوی	round اطراف – دور
within داخل	throughout از میان – سراسر
amongst درمیان	about درباره – حدود
till, until تا	past ازجلو– از مقابل
since از موقعی که – از	underneath تحت – زیر up روی– بالای

فرق بین by و with

به دوجمله زیر دقت کنید:

I learn English **by** talking to people. **(correct)**
I learn English **with** talking to people. **(incorrect)**
Kevin always writes with a pen. **(correct)**
Kevin always writes by a pen. **(incorrect)**

هریک از جملات بیانگر چگونگی عمل می‌باشند با این تفاوت که پس از **by** فعل به شکل **ing** بکار می‌رود. علاوه بر آن، از **by** به عنوان اسم (شخص، مکان و اشیا) در مورد چگونگی ایجاد ارتباط و حمل و نقل نیز استفاده می‌شود.

به مثالهای زیر دقت کنید:

She will contact you by phone — تلفنی باهات دارارتباط خواهد بود

I came by subway. — من با مترو اومدم

I turn on the computer by pushing the on button.
با فشردنِ دکمه "روشن" کامپیوتر رو روشن میکنم.

I mostly keep clean by showering. — اکثرا با دوش گرفتم خودم رو تر و تمیز میکنم

with تنها در مورد اسامی (شخص، مکان و اشیا) مانند اعضای بدن، و ابزارآلات بکار می‌رود.

The deaf talk with their hands. — ناشنواها با دستاشون حرف میزنن
I paint with my fingers. — من با انگشتام نقاشی میکنم
George cleaned the floor with a mop. — جورج با یه چوب گردگیری زمین رو تمیز کرد
Does she always cook with a microwave? — همیشه با مایکرو ویو غذا میپزه؟

حرف اضافه **with** (با) قبل از اشیا به معنی آلت و ابزار عمل بکار می‌رود در حالی‌که **by** به معنای واسطه و عامل عمل مورد استفاده قرار می‌گیرد.

The dog was beaten by John with a stick. — جان سگه رو با چوب گرفت زد

موارد استفاده از for

۱) به معنی (برای) به منظور قصد و نیت قبل از اسم بکار می‌رود.

He went to the hotel for dinner. واسه شام رفت هتل

۲) فعل بعد از **for** به شکل **ing** است.

I wear glasses for reading. واسه خوندن عینک میزنم

۳) به معنی (به مدت – مدت) جهت نشان دادن مدت زمان که قابل حذف است.

I read (for) three hours before going to bed. قبلِ خواب سه ساعت مطالعه می‌کنم

۴) به معنی (به مبلغ – به ازای) قبل از مقادیر یا مبلغ پولی بکار می‌رود.

I bought my car for $ 20,000. ماشینمو ۲۰/۰۰۰ دلار خریدم

They got machinery for wheat. ماشین آلاتی رو واسه گندم گرفتن

۵) به معنی (به خاطر– محض خاطر) بکار می‌رود.

Lucy sang for us last night. دیشب لوسی واسمون آهنگ خوند

۶) گاهی به معنی (به جای – به عوض) بکار می‌رود.

I'm busy now. Could you please go to the party for me?

الان گرفتارم. می‌تونی لطف کنی مهمونی امشبو بجام بری؟

You are sick today. I will teach for you. امروز مریضی. من بجات درس میدم

تفاوت بین to و for

به طور کلی به سه دلیل از **to** و یا **for** استفاده می‌شود:

الف) **جهت بیان دلیل**

ب) **جهت اشاره به شخص گیرنده**

ج) **جهت بیان مقصود از انجام کاری**

به دو جمله زیر دقت کنید:

I went to the store to buy some milk.
I went to the store for milk.

هردوجمله نشان دهنده‌ی انجام یک عمل می‌باشند. جملهٔ اول به فعل (خریدن) اشاره دارد و جمله دوم به اسم (شیر).

مثالهای بیشتر:

| Give this gift to her. | Ask Jim to send me the file. |
| This is for her. | Ask Jim for the file. |

چنانچه عمل مورد نظر جهت انجام شدن، نیاز به حرکت جسمی از مبدا به سمت مقصدی را دارا باشد، از فعل با **to** و درغیر این صورت از **for** استفاده می‌کنیم.

Dorothy usually drives to work. دروتی معمولا با ماشین میره سرکار

She made a delicious cake for me. واسم یه کیک خوشمزه درست کرد

توجه داشته باشید که برخی مواقع استفاده از **to** بجای **for** می‌تواند به کل معنا را تغییر دهد:

What did you do **to** him? چه بلایی سرش آوردی؟

What did you do **for** him? واسش چکاری (لطفی) کردی؟

Nouns Followed by Prepositions

quarrel with	نزاع با	take advantage of	استفاده کردن
in respect of	در زمینه	experience of thing	تجربه در چیزی
in search of	در جستجوی	interest in	علاقه به
search for	جستجو	in need of	نیاز به
pride in	غرور		

Adjectives Followed by Prepositions

glad at	خوشحال از	absent of	غایب از
good at	ماهر در	accused of	متهم به
greedy of	حریص در	accustomed to	معتاد به
impolite to	بی ادب نسبت به	afraid of	ترسیدن از
jealous of	حسود نسبت به	amused at	خندان از
kind to	مهربان به	angry with(person)	عصبانی از
mad with	عصبانی از	angry at (thing)	عصبانی از
popular with	محبوب	anxious about	نگران برای
proud of	مفتخر به	ashamed of	شرمنده از
polite	مودب نسبت به	aware of	آگاه از
ready for	آماده برای	concerned about	دلواپس
satisfied withاز	راضی	engaged to	نامزد
suspicious of	مظنون به	familiar with	آشنا با
tired of	خسته از	free from	آزاد از

Verbs Followed by Prepositions

agree on (something)	موافقت کردن با	fill in	پر کردن
agree with (sb,sth)	موافقت کردن با	get on	سوارشدن
aim at	هدف قرار دادن	get off	پیاده شدن
answer	پاسخ دادن به	get up	برخاستن
apologize to	معذرت خواهی کردن از	get run over	تصادف کردن-زیر ماشین رفتن
approve of	تصدیق کردن	get along	به سر بردن
arrive in(at)	وارد شدن به	get out	خارج شدن
ask for a thing	تقاضا کردن چیزی	get rid ofاز	خلاص شدن
ask a question	سوال کردن	get to	رسیدن به
attend to	توجه کردن به	give in	تسلیم شدن
attend a class	حاضر شدن در کلاس	give up	دست کشیدن از
believe	باور کردن	give birth to	زاییدن
believe in	اعتقاد داشتن به	go ahead	بفرمایید(ادامه دادن)
borrow from	قرض گرفتن از	go on	ادامه دادن
bring about	فراهم ساختن	look into	رسیدگی کردن
bring up	پرورش دادن	look out	مواظب بودن
burst out of laughing	از خنده منفجر شدن	look over	با شتاب بررسی کردن
burst into flame	شعله ور شدن	look up	پیدا کردن
call at	سرزدن به محل	look out of	بیرون نگاه کردن
call on	ملاقات کردن	operate on	عمل جراحی کردن
call for	ایجاب کردن	point at	با دست اشاره کردن
call up	تلفن زدن	point out	خاطر نشان کردن
care for	میل داشتن	present from	جلوگیری کردن
carry away	ربودن-با خود بردن	remind of	یاد آوری کردن
carry out	انجام دادن	ride on	سوار شدن
carry on	ادامه دادن	run after	تعقیب کردن
catch up with	رسیدن به	run over	با ماشین زیر گرفتن
charge with	متهم کردن به	see to	انجام دادن
come across	مواجه شدن	send to	فرستادن
come up	پیش آمدن	set aside	کنار گذاشتن
come over	مسلط شدن	smile at	لبخند زدن
come in	داخل شدن	escape from	فرار کردن از
compare with	مقایسه کردن	remind of	یادآوری کردن

Chapter 8: Preposition   M.H.Zahedi

Part A
1. I read several books............. I was in hospital. (while-during)
2. How much did you pay............your carpets? (on-for-to)
3. In America, they sell shoes.............. the number. (in-by-on)
4. The professor is sitting..........his desk.......... the moment. (at-in-on)
5. Never sign the checks.......... pencil. (by-in-with)
6. Jason is sitting............ the audience.(among-between)
7. Kim is standing …….. the door talking …….. the phone. (at-on-in-of)
8. …….. the way, where is your brother? (On-By-In)
9. Marley is making a recovery day…….. day. (in-on-by)
10. …….. the time being, you'd better not go anywhere. (For-By-Of)
11. Fred put the ladder………the side…….. the building. (by-of-in)
12. Do any of you know the answer…….. the question? (to-of-for)
13. She's quite sure that she will be back……...Tuesday. (by-in-at)
14. Come…me and sit…the chair. Listen…….. what I'm saying. (at-on-to-of)
15. Do you go to work……...bus? (with-on-by)
16. They went to the bank…….. a taxi. (on-by-in)
17. Planes and trains usually leave …….. time. (on-at-in)
18. It's rude to sneer………. people. (on-to-at)
19. It's…….5 a.m. When did he go ……. work? (near-about-to-at)
20. My colleague lives …….. 86 Anderson street. (in-on-at)
21. The capital …….. a country is usually crowded. (from-to-of)
22. Many students arrived…….. school far too late. (in-at-on)
23. Will you wake me up…….. 7 o'clock. (in-at-on)
24. I always put some parsley ……. soup. (beside-besides)
25. Bruce, our gardener, cut……. the branches…….. the trees. (off-of-from)
26. The temperature …….. today is …….. zero. (from-of-below-under)
27. Should he walk…. the train station? (until-as far as)
28. Paul did all his homework and stuff……... himself. (in-with-by)
29. When I'm …….. work, don't bother me. (in-to-at)
30. Jerry was born……. a blessed day……. October. (in-on-from)
31. …... last I found the address. (In-For-At)
32. How far is it…... here…….. the main street? (to-from-of)
33. She's suffering ……… a backache. (of-from-to)
34. The police station is …. the street from the university. (on-across-through)
35. Did she remind you …. the last meeting? (from-to-of)
36. She learned French….... listening to tapes. (with-in-by)
37. Nickki doesn't like small animals, but she is very fond …. rabbits. (in-of-to)
38. I'm very grateful ……. your help. (for-with-by)
39. There was a fall …….. ten percent in prices. (by-to-in)
40. Your success totally depends …….. your efforts and persistence. (to-in-on)

Prove yourself to yourself, not others.

What doesn't kill you makes you stronger.

Chapter 9: Punctuation

full stop/period/ decimal	.	quotation mark	“ .....”
comma	,	apastrophe	’
colon	:	ellipsis points	...
semicolon	;	exclamation mark/point	!
question mark	?	underline/ underscore	_
parenthesis/ round brackets	( )	hyphen/ dash	-
square bracket	[ ]	slash	/
brace	{ }	percent	%
less-than sign	〈	greater-than sign	〉
dollar/ buck sign	$	number sign	#
ampersand	&	at sign	@
asterisk	*		

Chapter 10: Interjection

اصواتی که برای بیان حالات مختلف گوینده بکار می‌روند مثل: ترس، شادی، غم، تعجب، همدردی، ناسزا و غیره که نقشی در جمله ندارند. بنابراین اصوات جزو (part of speech) نیستند و در دستور زبان انگلیسی نمی‌گنجد. اما در محاوره بسیار مورد استفاده قرار می‌گیرد. اکنون به ذکر تعدادی از آنها اشاره می‌کنیم.

Hurray!	ابراز شادی	Hush!hist!	جلب توجه
Oh! ah!	بیان اندوه	Damn!	لعنتی
Alas!	تاسف، افسوس	Fie on him!	مُرده شورشو ببرن
Ha! ha!	خنده	Woe!	وای (غصه و پریشانی)
Bravo!	تایید و تصدیق	Ouch!	اوخ (درد)
Heigh-ho!	ابراز خستگی	Oh, my God! (OMG)	وای، خدای من

English for Eager Beavers

سوالات منتخب کنکوری

1. Today's lesson was ……..that I didn't understand a word.
(Entrance Exam 85)
 a) very confused   b) so confusing   c) enough confusing   d) too confusing

2. That …………. cupboard is very expensive.
(Entrance Exam 88)
 a) brown Iranian big wood   b) big Iranian brown wood
 c) big brown Iranian wood   d) Iranian big brown wood

3. …………….. such delicious food.
(Entrance Exam 89)
 a) Rarely have I tasted   b) Rarely I have tasted
 c) Rarely tasted have I   d) I have tasted rarely

4. Sue is still sick; I think she …………… have taken her medicine regularly.
(Entrance Exam 90)
 a) must   b) might   c) would   d) should

5. The director of the program advised the students…......time…..material that was out-of-date.
(Entrance Exam 92)
 a) to avoid wasting/ reading   b) to avoid to waste/ to read
 c) avoid to waste/ reading   d) avoid wasting/ reading

6. I'd like to propose that history seminars ……..shortened to two hours.
(Entrance Exam 99)
 a) to be   b) are   c) be   d) they be

7. In the past two months, libraries …………. the difficult task of making faithful digital copies of the books, images and recordings that keep the intellectual effort of humankind.
(Entrance Exam 99)
 a) begin   b) would begin   c) was begun   d) have begun

Answer Keys

Preamble

1. I saw Robert at the door.
2. Could you do my homework?
3. Mr. Lee is my instructor.

To be Verbs

Part A

1. are	**6.** is
2. is	**7.** Is
3. am	**8.** is
4. are	**9.** are
5. Are	**10.** are

Part B
1. Yes, they are. They are in the cinema.
2. No, she isn't. She isn't here.
3. Yes, she was. She was sick last night.
4. Yes, they were. They were in the park last Saturday.
5. No, we won't. We won't be at the bank tomorrow morning.
6. No, I'm not. I'm not a baker.
7. Yes, she is. She is my friend.
8. No, they aren't. They aren't Mr and Mrs. Richards.
9. Yes, she will. She will be there at 6 o'clock.
10. Yes, you are. You are the owner.

Part C

1. b	**5.** c
2. a	**6.** a
3. c	**7.** c
4. b	

Answer Keys   M.H.Zahedi

Part D
1. They <u>were</u> angry.
2. He <u>is</u> a worker.
3. We <u>were</u> very thirsty.
4. **correct**
5. She <u>was</u> in the apartment.
6. <u>Were</u> you in your room?
7. <u>I'm not</u> your servant.
8. <u>Is</u> football a great game?
9. You <u>are</u> here.
10. Last night <u>wasn't</u> good, but tomorrow night <u>will be</u> great.

Part E
1. Is your father at work?
2. It's not cold today.
3. Was the store open last Saturday?
4. Is there the bus station nearby?
5. His friends aren't at school.
6. How is your mother?
7. Am I not a good friend?

Part F
1. How are your siblings?
2. Where is the police station?
3. How old are your children?
4. Who is the lady in this photo?
5. Where is she from?

Part G
1. Yes, she is.
2. No, it wasn't.
3. No, he isn't.
4. No, I'm not.
5. Yes, they were.

Persian Sentences
1. How is your friend feeling?
2. Are you in the office?
3. I'm not there.
4. Riley's mother is a housekeeper.
5. Harvard will be here at 4.

English for Eager Beavers

Chapter 1   Noun

Part A

pictures	pens	knives	oxen
cities	potatoes	men	desks
teeth	feet	sandwiches	teachers

Part B

1. sheep	9. Do
2. teeth	10. is
3. fish	11. people
4. are	12. was
5. are	13. are
6. is	14. dozen
7. are	15. dozens
8. aren't	16. wasn't

Part C

1. shops	4. friends
2. days	5. photos
3. a bicycle	6. has/ cities

Part D

1. Did you see <u>Michael's car</u>?
2. <u>The bird's nest</u> is about to fall.
3. <u>Jane's mother</u> is sick.
4. **No change**.

Part E

1. d
2. c
3. d
4. a
5. d
6. c

Answer Keys   M.H.Zahedi

Persian Sentences
1. My trousers are a bit tight. I'll enlarge them tomorrow.
2. I bought a pair of scissors and two tubes of toothpaste from the drugstore yesterday.
3. Horrible news was broadcast on the radio yesterday evening.
4. The nurse brought me some pills.
5. Please, bring me a drink.
6. The leg of the chair is loose. Be careful not to fall down.
7. Unfortunately, the school equipment is not modern.

Part F

1. --	7. --/--/--/--/--/ the
2. --	8. the
3. the	9. the/ the /the
4. the	10. the/ the/ the
5. the/ the/ the	11. the, a/ --
6. the	

Part G

1. c	4. d
2. b	5. d
3. d	6. a

Persian Sentences
1. Excuse me, sir! How much are the potatoes a kilo?
2. Good and evil are to be found in all parts of the world.
3. The Austria speak German.
4. I'll be back in less than an hour,
5. What beautiful hair you got!
6. The subway is a comfortable and fast vehicle.
7. I took a taxi to the train station.
8. Could you give me a ride home? I'm just in a hurry.

Chapter 2   Pronoun

Part A

1. a	3. b
2. d	4. a

Part B

1. them	6. He
2. him/ me	7. He/ it
3. him	8. ours
4. it	9. his
5. them	10. hers

Part C

1. their	4. us
2. she	5. his/ mine
3. me	

Persian Sentences
1. Look at me!
2. One should never tell a lie.
3. I saw a relative of mine yesterday.
4. Where is Gilbert's bag? I'm just looking for it constantly.
5. Who is knocking at the door? It's I.
6. Harry explained the matter to us.

Part D

1. What	7. How soon/ When
2. How far	8. What
3. How tall	9. Whose
4. How much	10. How much
5. How high	11. How well
6. whom	

Part E

1. a	9. d
2. d	10. c
3. a	11. c
4. c	12. d
5. b	13. a
6. c	14. b
7. b	15. b
8. a	

Persian Sentences
1. I hope you yourself can solve your problem.
2. The frying pan is hot. Be careful not to burn yourself!
3. Why did you hang up the telephone?
4. They say smoking may cause cancer. But who really cares?
5. Susan bought herself a present.
6. Do you have any change with you?
7. Where is the foosball I bought yesterday? This time, I myself want to play.
8. Some of the people I invited couldn't come.
9. Sarina got three brothers all of whom got married.
10. I saw two people neither of whom I knew greeted me.
11. The instructor asked questions most of which I couldn't answer.
12. An architenct is a person designing buildings.
13. The glasses on the desk are mine.
14. I'm not ashamed of myself. I've nothing to blame myself for.

Chapter 3   Adjective

Part A

1. fresh air	5. long vacation
2. sharp knife	6. dark clouds
3. new house	7. dangerous job
4. foreign languages	8. hot water

Part B

1. surprising	5. boring/ bored
2. interesting	6. depressed/ depressing
3. amusing	7. annoying/ annoyed
4. frightening/ shocked	8. astonishing/ astonished

Part C
1. a) exhausting
   b) exhausted
2. a) excited
   b) exciting
3. a) fascinated
   b) fascinating

Part D
1. interested	4. astonishing
2. embarrassing	5. terrifying/ shocked
3. exciting/ excited	

Part E
1. the most expensive	5. farther
2. the most popular	6. better
3. larger	7. the bigger
4. the worst	

Part F
1. d	6. d	11. d
2. a	7. c	12. c
3. b	8. d	13. a
4. d	9. c	14. d
5. b	10. b	15. c

Persian Sentences
1. Don't be upset. He made me angry.
2. The news sounds disappointing.
3. The detective found the thieves dead.
4. My friend worked hard and succeeded.
5. Prior to the war, we lived in Tehran.
6. The deadly poison of the scorpion and snake killed him.
7. The narrow-minded cannot run the country.
8. My cousin is junior to me in years but superior (to me) in knowledge.
9. Mike eats his cuisines more slowly than his brother.

Part G
1. I got a nice old rug.
2. This large fascinating house is expensive.
3. The waitress brought us a glass of yummy cold European juice.
4. There are some very good red Chinese pens on the drawer.
5. Robert found many new German books in Peter's library.
6. Sa'di is a great Iranian poet.
7. The fine old-carved oak table was inestimable.
8. Grandpa donated some knockout small Turkish carpets.
9. A small black plastic bag is in the trash.

Answer Keys   M.H.Zahedi

Persian Sentences
1. I bought a beautiful small hand-woven silk carpet the day before yesterday.
2. This pretty red German vacuum cleaner is very nice.
3. Where is that ugly old yellow car from?
4. Unfortunately, I'm busy during the first four days of the week.
5. My father-in-law solved the problem more easily than I.
6. This is the least she can do for you.
7. James is the smartest and Gilbert is the stupidest boy in the class.

Chapter 4   Verb

Part A

1. to stay	9. needn't
2. not see	10. not go
3. do	11. didn't use to
4. had to	12. Did he use to
5. rain	13. Must we
6. to come	14. must
7. sleep	15. smoke
8. may/ might	16. Can/ Could

Part B
1. I didn't think we would meet each other again.
2. He assumed that you were going to be late.
3. She said that they were coming.
4. The forecast expert said the weather would get cold.
5. She said her name was/ is Olivia.
6. The neighbors complained that Amelia was very noisy.
7. He took an oath that he had never seen that thief before.
8. They thought they would finish their work by 3 o'clock.
9. The workers thought that their boss would admire them.
10. Did Sophia think that she could make it?

Part C
1. You <u>ought to</u> be curious.
2. I realise that it <u>must</u> be a terrible experience for you.
3. The report <u>should have been</u> on my desk but wasn't.
4. Ava <u>would like</u> a cup of coffee.
5. It is possible that Pier <u>might not</u> receive my mail.

6. <u>Ought we to leave</u> the office now?

Part D

1. b	5. b
2. c	6. d
3. c	7. d
4. a	

Part E

1. is speaking	12. have ever seen
2. goes	13. does it take
3. comes	14. Have you been studying
4. want	15. have just woken up
5. is he doing/ is trying	16. have already done
6. Does she live	17. smells
7. is not watching	18. like
8. has had	19. am going
9. has been	20. are working
10. has cooked/ has been cooking	21. has been writing/ hasn't finished
11. has been making/ has made	22. has Edward been learning

Part F

1. were you doing	12. had never been
2. had been playing	13. finished
3. had been trying	14. saw/ smile, smiling
4. had watched	15. had been snowing
5. was dying	16. came/ ate
6. was walking	17. burst
7. was talking/ interrupted	18. did she ask
8. have you been	19. had paid
9. were you	20. liked
10. understood/ had explained	21. hadn't been raining
11. had left	22. Had she been studying

Part G

1. will tell	12. Will it have got
2. will be doing	13. will you
3. will be waiting	14. will have finished
4. will have landed	15. will have heard
5. will you have been studying	16. will be sleeping
6. will hold/ is going to hold/ is holding	17. will have been talking
7. will be doing	18. will have corrected
8. will have had	19. won't have done
9. will have been sleeping	20. will have been standing
10. People will have been able	21. Will you have taken
11. will be teaching	

Part H

1. d	11. c
2. b	12. b
3. a	13. d
4. d	14. c
5. b	15. d
6. c	16. a
7. d	17. c
8. d	18. b
9. b	19. c
10. c	20. b

Persian Sentences

1. My friend used to wake up early in dormitory.
2. The robbers were not able to penetrate the bank.
3. Would you mind if I closed the door?
4. You must be tired after so much exercise.
5. How long did the meeting last? It lasted around 4:30.
6. What are you going to do with the money I gave you?
7. What will you be doing at this time tomorrow? What about the day after tomorrow?
8. When will you move in? We will move into a new house next Monday.
9. Be certainly sure that we will have done all the work by the end of the day.
10. By the time we get there, they will have left the hotel.
11. What relation is Mr. Robinson to you? God preserve him.
12. In 5 minutes, I'll have been teaching for one hour.
13. By the end of the month, all the passengers will have left the city.

14. I asked him if he had some change.
15. I slept in an awkward position last night. I'm aching all over.
16. When we went to the North, we stayed in a hotel.
17. She had never flown before.
18. By the time you came, the bus had left.
19. I rang the doorbell, but there was no answer.
20. We were eating lunch while it was raining.

Part I

1. need I	9. didn't they	17. doesn't he
2. will you	10. didn't we	18. wouldn't she
3. hadn't you	11. isn't he	19. was it
4. were they	12. should I	20. hadn't he
5. didn't they	13. is that	21. did I
6. hadn't she	14. will you	22. do we
7. have I	15. shall we	23. would you
8. aren't I	16. isn't there	

Part J

1. b	6. a
2. c	7. d
3. d	8. b
4. c	9. a
5. d	10. c

Persian Sentences

1. You are not on a diet, are you?
2. You didn't see this movie, did you?
3. That lady is a physician, isn't that?
4. Garry eats cheese, doesn't he?
5. You can just bring me a glass of water, can't you?
6. Nicholas wants to marry, doesn't he?
7. I can hardly walk. I can too.
8. He hates travelling abroad, and his spouse does too.
9. We saw the accident, didn't we?
10. I don't live in London, but Kathrin does.
11. George can't speak Spanish, but I can.
12. Sarah's kid is very naughty. My kid is too.
13. The Andersons didn't come to the meeting, nor did Edward.
14. The weatherman said that the weather would get worse than the day before.
15. He's not my brother, is he?

Part K

1. would wake up	6. would have been
2. Had she known	7. will
3. will play	8. studies
4. would know	9. doesn't study
5. Would he have gone	10. had had

Part L

1. d	11. a
2. c	12. a
3. b	13. b
4. a	14. a
5. c	15. c
6. c	16. a
7. a	17. c
8. b	18. c
9. c	19. a
10. b	20. b

Persian Sentences

1. If he had had a morsel of intelligence, he wouldn't have done it.
2. I'll water the flowerbed unless it rains.
3. If I sell my car, I'll buy a new one.
4. If your car broke down in a desert, what would you do?
5. Believe me or not, If I had known you were in hospital last week, I'd have come to see you.
6. I was not hungry. If I had, I'd have grabbed something to eat.
7. It's a shame that you don't know English. If you knew, we would talk together.
8. I'll come here tomorrow unless something goes wrong.
9. People usually ensure their houses in case there is a fire.
10. I wrote down your name in case I forget it.
11. She will tell you what she sees.
12. I won't understand English unless you speak slowly.

Part M

1. knew	6. knew
2. would tell	7. to serve
3. had	8. were
4. had	9. knew
5. had kept	10. wouldn't have

Part N

1. b	**5.** c
2. a	**6.** c
3. a	**7.** d
4. c	**8.** a

Persian Sentences

1. I wish the government would do something for the young.
2. If only I could help you. It would be awesome.
3. I wish Michael hadn't been addicted.
4. I wish you'd told me about the matter yesterday. If you had, I'd have done something.
5. My parents are very old. I wish they were young.
6. I wish we had an exam today.
7. I wish you wouldn't take naps in class.
8. I was alone last night. I wish I had had something to read.

Part O

1. wait	**7.** know
2. not accept	**8.** be allowed
3. be hired	**9.** not finish
4. be	**10.** be
5. not attack	**11.** be
6. join	**12.** not go

Persian Sentences

1. It is vital that a child go to school.
2. Father suggested that we go on a trip.
3. We were anxious that all get sick.
4. The instructor advised that we be at school at 7.
5. Parents insist that children go to bed early at night.
6. It's necessary that you take the medicine before breakfast.
7. The employees demand that not go to work in the afternoon.
8. It's quite important that the young learn a foreign language.
9. The refugees requested that permanent visa be given to them.
10. The driver asked that the passengers not smoke in the bus.
11. The school principle urged that the students not speak in class.
12. The directer suggested that she get in touch for more information.
13. We were asked that we be sure if the door is locked.

Answer Keys

Part P

1. a	11. b	21. b	31. d	41. a
2. d	12. d	22. c	32. b	42. b
3. a	13. a	23. c	33. c	43. a
4. c	14. c	24. d	34. d	44. b
5. a	15. a	25. a	35. a	45. a
6. b	16. c	26. b	36. b	
7. b	17. d	27. c	37. c	
8. d	18. c	28. b	38. d	
9. c	19. a	29. c	39. c	
10. c	20. a	30. a	40. c	

Persian Sentences

1. Do you mind closing the window?
2. I finished cleaning the house.
3. Mark suggested going to the cinema.
4. You look to have lost weight.
5. We are considering travelling to the North.
6. Have you ever imagined living in Africa?
7. I decided to take a taxi.
8. It looks as if we have a long way ahead.
9. He promised not to do it again. Forgive him, please.
10. Don't forget to lock the door.
11. Why did she try to avoid answering the questions?
12. He agreed to go with me.
13. I myself didn't want to go. Sarah made me do that.
14. Don't allow children to watch horror and violent movies.
15. The young lady denied stealing the money. After a while, the young man admitted stealing it.
16. He gave up smoking when he got sick.
17. We expect my brother to come to Iran next summer.
18. Remind me of buying some eggs on the way home.
19. I suggested my frined to stay with us.
20. I saw Tom get into the car and drove away.
21. I saw Kathrin working. Do you want me to call her?
22. I didn't hear anyone ringing the doorbell.
23. Did you see the car fall into the valley?
24. I found Frodo sitting under a tree.
25. Did you notice anyone go out? Not even you yourself!
26. I smell something burning.

27. Listen to the birds singing.
28. I saw the children playing soccer.
29. Don't you hear the baby crying?
30. Look at the boys and girls playing in the garden.
31. The police found the spy eating dinner in a restaurant.
32. I just heard someone greeting me. Was that you?
33. I myself saw the thief climbing the ladder.

Part Q

1. is being	5. had been
2. has been	6. will be
3. was	7. is going to be
4. was being	8. will have been

Part R

1. The new school is going to be built next week by many talented engineers.
2. When was the lamp invented?
3. Scripture has been translated into many languages.
4. This valuable car was made in 1800.
5. Joel should be told the news instantaneously.
   The news should be told to Joel instantaneously.
6. Corn is grown in Toronto.
7. Our son-in-law hasn't been seen yet.
8. The letter should have been sent last night by Mrs. Green.
9. This issue can't be understood by me.
10. Was your car repaired?
11. The pipes are being repaired.
12. He was given the money by me.
    The money was given to him by me.
13. The book had been returned to the library by Alice.

Part S

1. b	5. a	9. d	13. a	17. a
2. c	6. c	10. c	14. c	18. a
3. b	7. a	11. b	15. b	19. d
4. c	8. b	12. c	16. b	20. c

Persian Sentences
1. This house was built last year.
2. All the walls and windows must be cleaned.
3. All of us were woken up by the terrible noise at midnight.
4. We weren't invited to the party.
5. Don't fret! The car is being repaired.
6. Thousands of students are admitted to universities yearly.
7. When we got home, all the work had been done.
8. The puzzle must be explained.
9. No decisions will be made until tomorrow.
10. I don't want to be told what to do.
11. Most of the earth's surface is covered with water.
12. Many accidents are caused by recklessness.
13. Do you know how glass is made?
14. Tens of people were killed in the war.
15. Have you ever been bitten by a wasp?
16. The car should have been washed last night.
17. Something must be done before it's too late.
18. When the casualty was being taken to hospital, the accident happened.
19. The house had been cleaned before the guests arrived.

Part T

1. b	12. b
2. a	13. c
3. d	14. a
4. a	15. b
5. b	16. a
6. a	17. c
7. b	18. a
8. c	19. c
9. b	20. d
10. c	21. c
11. c	22. b

English for Eager Beavers

Persian Sentences
1. The doctor asked me if I took my pills on time.
2. Sarah asked him if he was hungry.
3. He asked the lost boy where his home was.
4. My friend ordered me to buy some junk food.
5. He told me with approval that I had passed the test.
6. A lady asked me if I knew the nearest drugstore there.
7. The faculty told me to answer the questions orally.
8. She ordered us not to play in the apartment.
9. Stephen says he is studying now.
10. Henry said that he was not hungery.

Part U

1. a	11. b
2. a	12. b
3. c	13. c
4. b	14. d
5. a	15. d
6. c	16. a
7. d	17. a
8. d	18. b
9. b	19. c
10. a	20. d

Part V
1. Would you <u>wake her up</u> at 8 a.m?
2. Why doesn't she <u>take it off</u>? Here is getting like a furnace!
3. We have to <u>put it off</u> until next month.
4. Zoey is <u>trying them on</u>.
5. Ryan <u>put it on</u> for work.
6. I should <u>give it back</u> to Joseph.
7. <u>Take them off</u>.
8. Anthony often <u>calls him up</u>.
9. The rain <u>put it out</u>.
10. The young waitress <u>waited on them</u> perfectly.
11. Why did they <u>blow it up</u>?
12. Haven't you <u>called on her</u> recently?
13. I'm wondering why I should <u>go over it</u> again.
14. The soldiers <u>took it up</u>.
15. Adrianna <u>got over it</u> after the surgery operation.
16. Connor <u>ran into him</u> yesterday.

Answer Keys   M.H.Zahedi

Part W

1. c	6. a	11. b
2. b	7. b	12. b
3. d	8. b	13. d
4. a	9. d	14. a
5. a	10. c	15. c

Persian Sentences
1. You dropped the pen. Pick it up.
2. The candle was lit. The wind blew it out.
3. Call me up whenever you could.
4. Rosita is asleep. Don't wake her up.
5. I'm not watching T.V. Turn it off.
6. He was an orphan. His mom brought him up.
7. Don't look for it. You can't find it.
8. The cantaloupe is sweet. Eat it up.
9. Turn it down. It's too loud.
10. The door is unlocked. Who is the responsible for?
11. I'm going to call on my friend today.
12. The couple cannot put up with each other.
13. We got in the car and got back from the vacation.
14. Who is going to look after the children?
15. The game was called off because of the snow.
16. Don't get in a fluster! If you don't know the meaning, just look it up in a dictionary.
17. Don't throw it away. It may come in handy!
18. They put off their trip for the storm.
19. He gave up working with the company.
20. The application form is crossed-out. Fill it out again.
21. Take it back. You are taken in!

Chapter 5   Adverb

1. They were very tired <u>at the end of the day</u>.
2. I've been working <u>hard in my office all morning</u>.
3. The boss will <u>certainly</u> punish the secretary for the negligence.
4. She is <u>usually at college at this time</u>.
5. You must finish <u>early</u>, or you will miss the plane.
6. Jack tore up the paper <u>angrily</u>.
7. I reminded her <u>quietly</u> to mind her own business.
8. Never <u>have I talked</u> to that woman.
9. Instructors <u>ought always to work</u> hard to enhance their knowledge.
10. The artist's best picture has <u>highly</u> been praised.

English for Eager Beavers

11. "I don't care", she said." I'm rich <u>enough</u> to afford it.
12. I ran as <u>quickly</u> as I could.
13. Alan, as a successful person, works the <u>most efficient</u> and Fred does <u>the least</u> in my office.
14. My sister managed the project far <u>better</u> than anyone, and all were delighted.
15. We are <u>still</u> of the opinion that Albert should be expelled.
16. I often feel <u>healthy</u> when I use vegetables.
17. Do they <u>ever</u> come to the city <u>nowadays</u>?
18. Our maid is <u>always</u> breaking dishes and things.
19. We <u>often</u> receive letters from students.
20. Marley <u>barely</u> had time to speak to them.

Part B

1. c	6. a
2. d	7. a
3. b	8. d
4. a	9. c
5. a	10. c

Part C

1. The audience clapped loudly.
2. That girl dances crazily awesome.
3. This band plays different songs perfectly on the stage.
4. Look at Jack! He's doing well.
5. The houses in our country are rather expensive.
6. Michael waited for the secretary patiently.
7. We sincerely appreciate your cooperation.
8. Betty treated the Robinsons kindly.
9. The national team speaks English really fluently.
10. Would you speak a bit louder? I can hardly hear you.
11. Adults learn things later than kids.
12. Leon's car goes faster than Binjamin's.
13. Audrey sings more beautifully than Jenniffer.

Chapter 6   Types of Sentences, Clauses, Phrases and Participles

Part A

1. d	4. c
2. a	5. b
3. b	

Part B

1. I met a man <u>whose</u> sister knows you.
2. I wonder <u>if</u> he needs help.
3. It's a fact <u>that</u> the world is round.
4. <u>Although</u> Scarlett seems happy, she can't find a job.
5. I saw your brother <u>coming</u> here and <u>talking</u> to the boss.
6. Bob works for a company <u>which</u> makes plastic.
7. The soup was too hot <u>because</u> I had warmed it in the microwave.
8. My dad laughed <u>when</u> I told my family a joke.
9. I am tall, <u>but</u> she is short.
10. (A) <u>Just as</u> Eric loves his sister, she loves him <u>back</u> <u>because</u> she always helps him with his tasks.
10. (B) Eric loves his sister, and she loves him <u>back</u> <u>because</u> she always helps him with his tasks.
11. She is so cute; <u>moreover</u>, she treats very kindly.
12. The dog needed a new leash, <u>and</u> Jack couldn't take it for a walk <u>until</u> it had one.
13. <u>Even if</u> the child is hungry, he will never eat oatmeal <u>but</u> will always eat ice-cream.
14. When I go home, I will eat dinner.
15. The dog ran off; however, I didn't care.
16. My parents wanted me to pick up some milk when I went to the store, but I didn't have enough money.

Part C

1. who	4. which/ that
2. when	5. who/ that was
3. whose	6. that/ who

Part D

1. b
2. a

noun clause — verb — subjective complement

3. <u>**What Sarah forgot to mention**</u> <u>**was**</u> that her spouse was the CEO of Microsoft and makes lots of money, <u>**which is why she can afford all of her holidays.**</u>

complement

Part E

1. The cat breaking the window belongs to Robert.
2. Before going to work, I took a shower.
3. Most of the students taking the exam failed.
4. Not wanting to hurt her feelings, Jack didn't tell her the truth.
5. The movie about poor families got very popular.
6. Having forgotten to take my pills, I felt sick.
7. I really hate the people making fun of others.
8. Rachel showed me some pictures painted by her bother-in-law.

Part F

1. b	**6.** c	**11.** d
2. d	**7.** b	**12.** c
3. a	**8.** d	**13.** c
4. d	**9.** c	**14.** d
5. a	**10.** a	

Part G

1. <u>damaged</u> building
2. The <u>returning</u> racecar
3. the <u>crumbled</u> envelope
4. This <u>illustrated</u> book
5. the <u>broken</u> chair

Part H

1. P.P (verb tense)	**6.** P.P (adjective)
2. G (subject)	**7.** P.P (verb tense)
3. G (subject)	**8.** G (subject)
4. G (object)	**9.** G (object of preposition)
5. G (subject) / P.P (adjective)	**10.** P.P (adjective)

Chapter 7   Conjunction

1. I can study <u>either</u> in my office <u>or</u> in the library.
2. They have invited <u>not only</u> the members of their family <u>but also</u> their friends.
3. Logan was tired, <u>so</u> he went to bed.
4. <u>Neither</u> Joshua <u>nor</u> Betty enjoys hunting.
5. Charly bought <u>not only</u> a cell phone <u>but also</u> a computer.
6. <u>Not only</u> Jack <u>but also</u> Matthew is a salesperson.
7. Hellen <u>not only</u> passed the exam <u>but also</u> got a good grade.
8. She met <u>both</u> her mother <u>and</u> uncle.
9. He was beaten pretty bad, <u>yet</u> he resisted.
10. Arthur <u>and</u> his friend are <u>both</u> tall.
11. He likes <u>neither</u> espresso <u>nor</u> pomegranate juice.
12. They have <u>neither</u> a car <u>nor</u> a house.
13. We could <u>not only</u> fly <u>but also</u> take the train.
14. The children need <u>not only</u> book bags <u>but also</u> new clothes.

Part B

1. b	7. b
2. a	8. c
3. b	9. d
4. c	10. b
5. d	11. a
6. a	

Chapter 8   Preposition

1. while	11. by/ of	21. of	31. At
2. for	12. to	22. at	32. from/ to
3. by	13. by	23. at	33. from
4. at/ at	14. to/ on/ to	24. beside	34. across
5. in	15. by	25. off/ of	35. of
6. among	16. in	26. of/ below	36. by
7. at/ on	17. on	27. as far as	37. of
8. By	18. at	28. by	38. for
9. by	19. about/ to	29. at	39. by
10. For	20. at	30. on/ in	40. on

Entrace Exams

1. b	3. a	5. a	7. d
2. c	4. d	6. c	

لیست افعال بی‌قاعده

simple	past	past participle	
ring	rang	rung	زنگ زدن
do	did	done	انجام دادن
run	ran	run	دویدن
win	won	won	پیروز شدن
drink	drank	drunk	نوشیدن
begin	began	begun	شروع کردن
shrink	shrank	shrunk	آب رفتن
sing	sang	sung	آواز خواندن
sink	sank	sunk	غرق شدن
spring	sprang	sprung	جهیدن
stink	stank	stunk	بوی بد دادن
stick	stuck	stuck	چسبیدن/ چسباندن
sting	stung	stung	نیش زدن
swing	swung	swung	تاب خوردن
hang	hung	hung	آویزان کردن
dig	dug	dug	حفر کردن
swim	swam	swum	شنا کردن
blow	blew	blown	وزیدن/ دمیدن
fly	flew	flown	پرواز کردن
grow	grew	grown	رشد کردن
know	knew	known	دانستن/شناختن
show	showed	shown	نشان دادن
swear	swore	sworn	قسم دادن/ فحش دادن
throw	threw	thrown	پرتاب کردن
tear	tore	torn	پاره کردن
wear	wore	worn	برتن داشتن

simple	past	past participle	
creep	crept	crept	خزیدن
keep	kept	kept	نگهداری کردن
sleep	slept	slept	خوابیدن
sweep	swept	swept	جارو کردن
weep	wept	wept	گریستن
break	broke	broken	شکستن
choose	chose	chosen	انتخاب کردن
freeze	froze	frozen	منجمد کردن
speak	spoke	spoken	صحبت کردن
wake	woke	woken	بیدار شدن
bring	brought	brought	آوردن
buy	bought	bought	خریدن
catch	caught	caught	گرفتن
fight	fought	fought	جنگیدن
seek	sought	sought	طلبیدن
teach	taught	taught	تدریس کردن
think	thought	thought	فکر کردن
bite	bit	bitten	گاز گرفتن
eat	ate	eaten	خوردن
beat	beat	beaten	ضربه زدن
give	gave	given	دادن
fall	fell	fallen	افتادن
steal	stole	stolen	دزدیدن
drive	drove	driven	رانندگی کردن
forbid	forbade	forbidden	قدغن کردن
hide	hid	hidden	پنهان کردن
ride	rode	ridden	راندن
rise	rose	risen	بالا رفتن/طلوع کردن
come	came	come	آمدن

English for Eager Beavers

simple	past	past participle	
light	lit	lit	روشن کردن
build	built	built	ساختن
find	found	found	پیدا کردن
be	was/ were	been	بودن
see	saw	seen	دیدن
write	wrote	written	نوشتن
sew	sewed	sewn	دوختن
shine	shone	shone	درخشیدن
burst	burst	burst	ترکیدن
cost	cost	cost	قیمت داشتن
cut	cut	cut	بریدن
hit	hit	hit	زدن
hurt	hurt	hurt	صدمه زدن
put	put	put	گذاشتن
set	set	set	تنظیم کردن
shut	shut	shut	بستن
split	split	split	دو نیم کردن
spread	spread	spread	منتشر کردن/ شدن
draw	drew	drown	رسم کردن
go	went	gone	رفتن
deal	dealt	dealt	معامله کردن
feel	felt	felt	احساس کردن
kneel	knelt	knelt	زانو زدن
mean	meant	meant	منظور/ معنی داشتن
bend	bent	bent	خم شدن
lend	lent	lent	قرض دادن
send	sent	sent	فرستادن
spend	spent	spent	صرف/ خرج کردن

simple	past	past participle	
leave	left	left	ترک کردن
become	became	become	شدن
feed	fed	fed	غذا دادن
flee	fled	fled	فرار کردن
lead	led	led	رهبری کردن
pay	paid	paid	پرداخت کردن
make	made	made	درست/ مجبور کردن
lay	laid	laid	گذاشتن
lie	lay	lain	دراز کشیدن
spit	spat	spat	آب دهان انداختن
sit	sat	sat	نشستن
forget	forgot	forgotten	فراموش کردن
hear	heard	heard	شنیدن
get	got	got/gotten	گرفتن/ به دست آوردن
have	had	had	داشتن/ خوردن و آشامیدن
hold	held	held	نگه داشتن/ برگزارکردن
read	read	read	خواندن
say	said	said	گفتن
take	took	taken	گرفتن
shake	shook	shaken	تکان دادن
shoot	shot	shot	شلیک/ فیلمبرداری کردن
sell	sold	sold	فروختن
tell	told	told	گفتن
slide	slid	slid	سرخوردن
lose	lost	lost	از دست دادن/ گم کردن
forgive	forgave	forgiven	بخشیدن
stand	stood	stood	ایستادن

The End

این یعنی حق الناس

دوستان گرانقدر

از آنجایی که این کتاب به شکل تصویری و خط به خط در کلیپ‌ها نیز لحاظ شده، لازم دانستم به عنوان نویسنده این کتاب و سازنده‌ی این کلیپ ها، خدمتتون عارض بشم که این کلیپ‌ها صرفا متعلق به شخص شماست و چه از لحاظ شرعی و چه قانونی صحیح نیست که در اختیار شخص دیگری قرار گیرد. نه فقط بنده بلکه هر استادی که در هر زمینه‌ای که در فضای مجازی زحمتی می‌کشند، وظیفه ماست که به حقوقشان احترام بگذاریم. به نظر شما آیا آن استاد گرانقدری که گاه تست‌ها و تمرینات و مطالب کتابهای کمک آموزشی مانند همین کتاب را تکثیر کرده و از آنها جزوه تهیه نموده و گاهی با نام خود در اختیار زبان آموزان قرار می‌دهد، به عنوان یکی از اعضای فرهنگی این جامعه، نباید در زمینه حفظ حقوق معلمان کمی بیشتر تلاش کند؟ به امید روزی که قانون حمایت از حقوق مولفان در کشور ما اجرایی شود و به امید آنکه قبل از آن روز هیچ یک از ما بدون رعایت حق و حقوق پدید آورندگان آثار، از کتاب گرفته تا فیلم و آثار استفاده ننماییم.

complete consulting services for QMS, EMS, FSMS, HACCP and Ecolabeling based on international standards.

ISO 14024 establishes the principles and procedures for developing Type I environmental labelling programmes, including the selection of product categories, product environmental criteria and product function characteristics, and for assessing and demonstrating compliance. ISO 14024 also establishes the certification procedures for awarding the label.

TTAIN has enough experiences to help create new ecolabeling programmes in different countries all over the world.
For more detail visit our website : http://toptenaward.net
and/or send your enquiery to the following email:
info@toptenaward.net

About TTAIN

Top Ten Award International Network

Top Ten Award international Network (TTAIN) was established in 2012 to recognize outstanding individuals, groups, companies, organizations representing the best in the public works profession.
TTAIN publishing books related to international Eco-labeling plans to increase public knowledge in purchasing based on the environmental impacts of products.
Top Ten Award International Network provides A to Z book publishing services and distribution to over 39,000 booksellers worldwide, including Apple, Amazon, Barnes & Noble, Indigo, Google Play Books, and many more.
Our services including: editing, design, distribution, marketing
TTAIN Book publishing are in the following categories:
Student
Standard
Business
Professional
Honorary

We focus on quality, environmental & food safety management systems , as well as environmnetal sustain for future kids. TTAIN also provide

Copyright © 2022 by Top Ten Award International Network.

All rights reserved. No part of this publication may be reproduced, distributed or transmitted in any form or by any means, including photocopying, recording, or other electronic or mechanical methods, without the prior written permission of the publisher, except in the case of brief quotations embodied in critical reviews and certain other noncommercial uses permitted by copyright law. For permission requests, write to the publisher, addressed "Attention: Permissions Coordinator," at the address below.

Published by: Top Ten Award International Network
Vancouver, BC **CANADA**
Email: Info@TopTenAward.net
www.TopTenAward.net

Ordering Information:
Quantity sales. Special discounts are available on quantity purchases by universities, schools, corporations, associations, and others. For details, contact the "Sales Department" at the above mentioned email address.

English for Eager Beavers/M.H.Zahedi—1st ed.
ISBN 978-1-990451-29-4

English
For
Eager Beavers

by:

Muhammad Hasan Zahedi